緩和の罠

藻谷浩介
Motani Kosuke
河野龍太郎
Kono Ryutaro
小野善康
Ono Yoshiyasu

インタビュー・編
萱野稔人
Kayano Toshihito

a pilot of wisdom

はじめに

萱野稔人

「宝くじが当たったらどうする？」という質問がある。

「宝くじ」というのが金額的にあいまいなら、もっと具体的に「一億円が当たったら？」「一〇〇万円もらえたら？」という質問でもいい。

たわいもない質問といえばそれまでだが、多くの人は意外と喜んでそれに答えようとするものだ。

「旅行にいく」

「高級車に買い換える」

「家を買う」

人によって答えはさまざまである。共通するのは、たくさんお金があってそのつかい道を考えることは——たとえ仮定のうえでの話であっても——楽しい、ということだ。

そう、お金がたくさんあることは人びとを前向きにし、消費を刺激する。消費が刺激され、モノがたくさん売れるようになれば、企業の業績も上向き、給料も上がっていくだろう。そうなればさらに消費が拡大し、景気そのものがよくなっていくにちがいない。

金融緩和というアイデアが人びとを惹きつけるのも、宝くじの質問の場合とすこし似ているかもしれない。

かつて金融緩和を積極的に支持する経済学者が、私に金融緩和の効果をこんなふうに説明してくれたことがある。

「世の中のお金が増えていけば、みんなが消費や設備投資にお金をつかうようになって、経済が活性化する」

「人びとが前向きになることで、冷えきった経済の状況が打破されて、景気が回復する」

もしこの説明どおりになるなら、金融緩和はとてもすばらしい政策だといえるだろう。ちょうど宝くじが当選者の経済状態をよくするように、金融緩和も社会に出回るお金の量を増やすことで日本経済の状況を改善し、景気を上向かせてくれるにちがいない。

しかし、本当にそのとおりになるのだろうか。

宝くじの質問はこの点で示唆的である。「宝くじが当たったらどうする?」という質問に対して、多くの人はなににお金をつかおうか考えをめぐらせたあげく、「とりあえず貯金する」と答えるからだ。

金融緩和によってお金の量が増えたからといって、かならずしも人びとは設備投資や消費を活性化させるとはかぎらない。

もちろん宝くじから類推できるほど事は単純ではないだろう。

たとえば金融緩和策の推進派はこんなふうにその効果を説明する。

世の中のお金が増えればインフレ圧力になる。インフレになるということはお金の価値が下がるということだから、多くの人はインフレ予想があれば——お金の価値が下がるまえに——控えていた設備投資や消費をするだろう、と。

たしかに消費税が増税されるまえなどは値上がりを避けるための駆け込み需要がある。インフレがおこると予想されるなら、同じように需要が増えるかもしれない。物価が下がるデフレが現在の日本経済にとって大問題であることも事実だ。物価が下がれば、お金の価値が相対的に上がっていくので（同じ金額のお金で買えるものが増えるので）、お金を保持しつづけることが有利になり、消費や設備投資は冷え込んでしまう。

しかし、このインフレ予想のシナリオが成り立つのは、あくまでも潜在的な需要があるかぎりにおいてではないだろうか。消費や設備投資をおこなうつもりが人びとにもともとないのであれば、いくらインフレが予想されても消費や設備投資はなされないだろう。潜在的な需要がなくてもインフレ予想だけで需要が喚起されるのだろうか。それは理論的抽象にすぎないのではないだろうか。

そもそも貨幣供給量を増やすことでインフレを操作的に生じさせることに、なにか危険はないのだろうか。

そんな疑問が浮かんでくる。

*

二〇一二年末に誕生した第二次安倍政権は「大胆な金融政策」をその経済政策の柱のひとつに掲げた。金融緩和策を積極的に推進する政権が誕生したことで、私たちは金融緩和の効果と副作用を本気で考えなくてはいけなくなったのである。

もちろん本書には、その政権を頭ごなしに断罪する意図はまったくない。そもそも現代のような複雑な社会において、特定の価値基準にもとづいて時の政権を批判することはほとんど意味がない。政策をめぐる議論はつねに――とりわけ現代のような時代にあっては――是々非々でおこなわれなくてはならない。本書がめざすのは、金融緩和の効果と限界、そして副作用を冷静に見極めることである。

そのために本書では、金融緩和策に批判的な三人の専門家に話をうかがった。

まず、日本全国をみずからまわり、日本経済の現状を具体的に知悉《ちしつ》し、マクロ経済学がおちいりがちな抽象性をつねに批判している藻谷浩介氏。

つぎに、金融緩和で潤うはずの金融業界の最前線にいながら金融緩和に異を唱えている河野龍太郎氏。

そして、ケインズ理論の瑕疵《かし》をのりこえる独自の不況理論を打ちたて、世界的にも評価されている小野善康氏。

三人に共通するのは、第一線で活躍するエコノミスト・経済学者である、ということだけではない。市場のなかだけで経済を論じるのではなく、日本経済が現在、歴史的にどのような局面に差し掛かっているのかという大きな問題まで含めて議論を展開している点も三人に共通する。

日本社会が金融緩和にのめりこんでいくなかで、金融緩和の効果を慎重に考察することはやはり必要である。私の専門は哲学だが、哲学があらゆる領域の問題とかかわる知的実践である以上、日本のゆくえを左右する金融緩和策について、経済学の用語をこえた議論の場をつくることも哲学者の仕事であるにちがいない。本書が日本経済の未来を考えるための開かれた契機となることを願う。

目次

高齢者にとっての円安／不動産価格も上がらない縮小社会／止まらない国内経済縮小の流れ／人口構造とインフレ／アメリカの後を追えばいいのか／円安にすれば日本経済は救われるのか／富裕層にのみおこったトリクルダウン／消費への波及効果はほぼゼロだった／政府、銀行、富裕層のトライアングル／逃げ足の早いグローバル・マネー／インフレのコントロールは不可能／人口オーナスをチャンスに変える

第二章　積極緩和の長期化がもたらす副作用

河野龍太郎×萱野稔人

金融緩和反対で日銀人事案否決／需要としての設備投資／設備投資と人口動態／労働力が設備投資を決める／

消費水準の持続的な向上が最終目標／これから来る本当の危機／
インフレで国の債務負担が軽減できる?／マネタイゼーションの帰結

第三章　お金への欲望に金融緩和は勝てない——

小野善康×萱野稔人

金融緩和が効かない明白な証拠／
「成熟社会」に入った日本／
長期不況をはじめて説明できた小野理論／
お金が究極の欲望の対象に／
成熟社会とは何か／「貨幣のバブル」がデフレの正体／
貨幣への欲望には限りがない／企業の内部留保が増える訳／
貨幣保有欲と金融緩和／
インフレ・ターゲット政策は有効か／
構造改革の落とし穴／

構成／宮内千和子　水原央

第一章　ミクロの現場を無視したリフレ政策

藻谷浩介×萱野稔人

藻谷浩介（もたに こうすけ）

一九六四年、山口県生まれ。（株）日本総合研究所調査部主席研究員。一九八八年、東京大学法学部卒、日本開発銀行入行。コロンビア大学ビジネススクール留学などを経ながら地域振興の研究活動を行う。二〇一二年より現職。主な著書に『実測！ ニッポンの地域力』（日本経済新聞出版社）、『デフレの正体―経済は「人口の波」で動く』（角川書店）など。

萱野稔人（かやの としひと）

一九七〇年、愛知県生まれ。津田塾大学国際関係学科准教授。博士（哲学）。二〇〇三年、パリ第十大学大学院博士課程哲学科修了。主な著書に『国家とはなにか』（以文社）、『カネと暴力の系譜学』（河出書房新社）、『ナショナリズムは悪なのか』（NHK出版新書）、共著に『超マクロ展望　世界経済の真実』『没落する文明』（ともに集英社新書）など。

▼現実から乖離《かいり》したリフレ政策

――藻谷さん、おひさしぶりです。藻谷さんは金融緩和では日本経済はよくならないといろいろなところでおっしゃっていますが、今日はぜひじっくりとその点についてお話をうかがいたいと思っています。

長引く日本経済の低迷への処方箋《しょほうせん》として、金融政策、それもかなり大胆な金融緩和が脚光を浴びていますよね。貨幣の供給量を増やすことによって、インフレをおこし、デフレ脱却をねらうという、リフレーション政策（リフレ政策）です。

しかし、このリフレ政策で本当に日本経済は浮揚するのでしょうか。大胆な金融緩和を掲げる第二次安倍政権が発足して以来、たしかに市場を見れば、株価は上昇し、円安にもなっています。とはいえ、それが日本経済の将来にとって果たして本当にいいことなのか、どこかで致命的な副作用をもたらすことはないのか、冷静に考える必要があるでしょう。

藻谷さんはご自身のベストセラー『デフレの正体』で、旧来型のマクロ経済政策だけでは日本の経済成長は不可能であり、それを理解するためにはもっとミクロな現場でなにがおこっているのかを注視すべきだ、とおっしゃっています。
多くのエコノミストたちが都会にとじこもってマクロな数字でのみものごとを判断しているなかで、藻谷さんは年間を通して日本各地を飛びまわって、地方経済の実態に触れたり、大企業から零細企業まで足を運んだりと、実際に経済の現場でなにがおきているのかをつねに確かめている、稀有《けう》な存在です。たぶん、日本でいちばん日本経済のリアルな姿を知っているのが藻谷さんでしょう。

藻谷　萱野さんのおっしゃるように私は、経済というのは、ミクロな経済的事象が複雑にからみあい、積み上がっている生態系だと思っています。マクロ経済学の本に書かれたセオリーばかり論じていても、その実態には迫れない。現場の無数の現実に触れて、そこからセオリーを組み立て直さなければ本当のことはわからないというのが、私の実感です。セオリーベースではなく、ファクトベースですね。
これに対してマクロ経済学は、現実には無数にある変数を思いっきり絞りこんでから、「この変数をこう動かせば、ほかのこの変数がこう動く蓋然性《がいぜんせい》が高い」というセオリーを構築する、一種の思考実験です。ですが実際の経済社会では、セオリーを構築する際に便宜上無視してしまったほかの変数も動いていて、結果に影響を与えます。「摩擦がないと仮定すると……」ではじまる初歩の物理学の公式が、摩擦のある現実の世界では通用しないのと似ていますね。

そのうえ「蓋然性が高い」ということと「一〇〇％そうなる」ということは、まったくちがう話です。ものごとには常に例外があり、しかも日本というのはおよそなにをやらせても世界のなかでは例外のほうに属しがちな、面白い島国です。

ですから現実には、世界に稀《まれ》な長期の金融緩和をつづけてきたのに、一向に効果がでていなかったりするわけです。

――たしかに日本では、一九九五年から政策金利はほぼ一貫してゼロですし、量的緩和も二〇〇一年から五年間もつづけられたにもかかわらず、デフレから脱却できませんでした。

藻谷　萱野さんのおっしゃっているのは、まさにファクトベースの考え方です。これに対して、「貨幣供給量を増やせば経済が活性化する」というリフレ論は、マクロ経済学的な思考実験の産物の典型です。理論構築の都合上、途中でいろいろ変数を切り落とした結果、貨幣供給量の調整だけで複雑な経済をコントロールできるという美しい理論ができあがった。

――私自身、金融緩和策に対して感じる最初の違和感もまさにそこにあります。貨幣の量をコントロールするだけで本当に経済の実態までよくなるのか、という疑問です。

藻谷　仮想世界の話としては面白いのですが、実際に「理論どおりにやりさえすれば万事OK」と唱える人が増えているのはどうしたことでしょうか。

私が大学に入ったころにはまだ、昔のマルクス主義の「労働者階級が政治権力を握ればものごとは解決する」という方法論を唱える人がかなり残っていました。彼らに「ソ連はひどいことになってしまったじゃないか」と現実からのフィードバックを説いても、「あれはスターリンがいけなかったんだ、マルクスの理論自体は間違っていないんだ」と言い返してきたものでした。理論が間違っていないのであれば、なぜスターリンの登場を防げなかったのか。複雑な現実から帰納する習慣がなく、一度信じこんでしまった理論のなかに閉じこもってしまう姿がそこにありました。

そんなマルクス主義者が権力の奪取を目指していたように、リフレ論者も、中央銀行のテクノクラートを押しのけて自分で貨幣供給量をコントロールしたがります。先頃の日本でおきていたのがまさにそれで、戯画化していうならば、「殿、ご乱心！」と叫びながら必死に止めようとしていた前日銀総裁を張り倒して、「俺《おれ》にこの万能の貨幣供給量調整ツマミをまわさせろ」と、学者や政治家が殺到していたような感じでしたね。

日銀の職員だってマクロ経済学は知っているわけですが、多年の金融緩和が効いていないという現場での経験があるから、リフレ論者と幻想を共有できないのです。実際問題、世界中の金融セクターがダメージを受けたユーロ・ショックを無事乗り切った日銀の手腕は、海外では高く評価されていました。彼らも懸念しているでしょうが、単純化された理論どおりに金融政策をとりつづけるというのは、まさに日本経済を実験台にした巨大な社会実験です。思考実験だけではがまんできなくなったのでしょうが、リフレ論者たちに気がすむまでいつまでもやらせつづければ、日本経済がいたむリスクもあります。

▼働いてお金を稼ぐ世代が減りはじめた

――では、金融緩和で経済が浮揚する、あるいはデフレから脱却できる、と主張するリフレ論が間違っているとするなら、どこが間違っているのでしょうか。そこを具体的におききしていきたいと思います。

藻谷　順番にひもといていきたいのですが、なにより最大の問題は、金融緩和の始まった九〇年代後半以降の日本の景気低迷は貨幣供給量の不足が引き起こしているわけではないということです。足りないのはモノの需要です。いまの日本では貨幣を増やしてもモノの需要を増やすことにはなりません。

――　わかる気もするのですが、リフレ論者たちは逆のことを言っていますよね。貨幣の量が少ないから、みんなお金にしがみつき、お金をモノに変えないのだ、つまり消費しないのだ、と。

藻谷　リフレ論はそもそも「供給されたお金はかならず消費にまわる」という前提に立って構築された理論ですから。「人はお金さえあれば無限になにかを買いつづける」というのが、とくに実地で証明された話ではないのですが、彼らの理論の基盤になっているのです。

実際にご商売をされている方からすれば信じられない話だと思いますが、商品を並べて置けば売れたモノ不足の時代が、浮世離れした一部の経済学関係者の頭の中ではいまもつづいているわけですね。たしかにこの理屈に従えば、「消費が活性化しないのは、十分なお金が世の中にでまわっていないからだ」ということになる。

ところが現実の日本では、企業も家計も金融機関も資金収支は黒字で、政府だけが赤字です。つまり企業も家計も金融機関も、投資しても消費しても使い切れないお金を余して、国債を買っているわけです。リフレ論者が検証もせずに当然とみなしている前提が、事実としては崩れてしまっているのです。

萱野さん、「お金があればすぐなにかを買う」という行動を取りやすいのは、人の一生のなかでどの世代だと思いますか。

――おそらく結婚し、世帯をもち、住宅を買い、家電も買いそろえ、子どもを育てていく、その過程がいちばんお金がかかるというか、消費をしますよね。

藻谷　そのとおり、バリバリと働く現役世代ですよね。図1をごらんください。これは、戦後日本を五年刻みに分けて、生産年齢人口の増減と就業者数の増減の関係をみたものです。一九九五年を境にして、生産年齢人口、つまりバリバリと働く現役世代の人口が減少

図1　戦後日本の生産年齢人口と就業者数

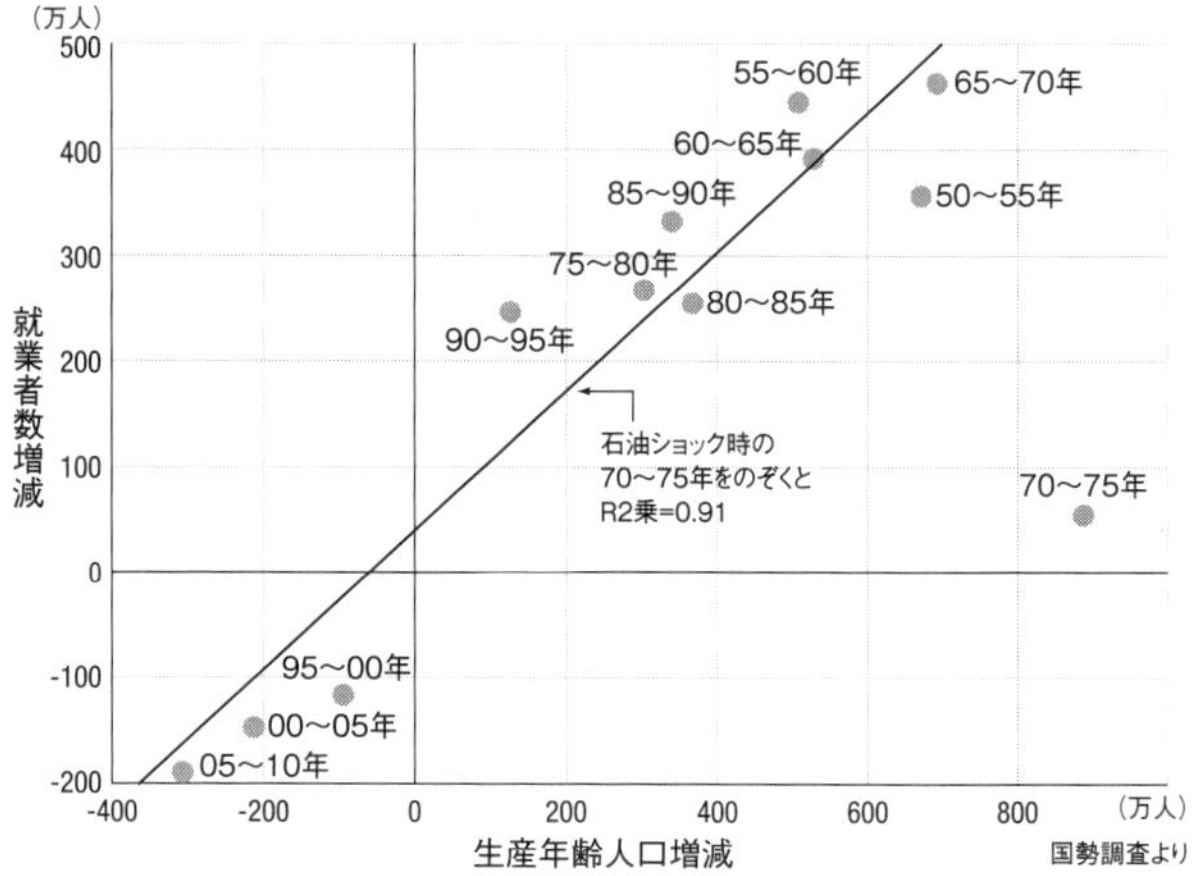

国勢調査より

し、同時に就業者数、これは一週間に一時間でも賃労働をした人のことで非正規労働者を含む数字ですが、これも減りはじめているのがわかります。

――生産年齢人口というのは、一五歳から六四歳までの人たちのことですね。かならずしもこの年齢層の人たちがすべて働いているというわけではありませんが、生産と消費という経済活動の中心にいる年齢層ということで、こうした人口の切り取り方が経済をみるときには重要になりますね。

藻谷　生産年齢人口の総数でいえば、一九九五年には八七一六万人だったのが、二〇一〇年には八一〇三万人まで減っています。七%

も減少しているんですね。

――生産年齢人口が減少し、就業者数も減っている。これは、人口の多い世代がどんどん退職し、高齢化しているということですね。彼らが退職すると以前のようには消費しなくなる。年金生活に突入すれば、先行きが不安でお金にしがみついてしまいますから。

藻谷 そのとおりです。そして図1のとおり、戦後の日本では生産年齢人口の増減と就業者数の増減がひじょうに強く相関しています。

バブルの一九九〇年ではなく、生産年齢人口がピークだった一九九五年が、当時就職氷河期といわれたにもかかわらず、日本の就業者数のピークです。そこから二〇一〇年までの一五年間に、就業者数は一方的に七％減りました。

セオリーベースで考えるマクロ経済学では、就業者数の増減は景気次第とされているわけですが、ファクトベースでみると、日本の雇用の増減は景気ではなく生産年齢人口の増減で決まっています。つまりは、六五年前と一五年前のどちらに生まれた人が多かったかで、いま働いている人の増減が定められてしまうわけです。

ちなみに、日本の失業者数は三〇〇万人台。失業率は四％台と、先進国のなかでも最低水準です。景気がものすごく良くなって失業率が二％まで下がったとしても、新たに職を得る人は二〇〇万人に満たず、二〇〇五〜一〇年に減ったぶんを補うくらいにしかなりません。

ところが足元の二〇一〇〜一五年には、日本史上最高の四〇〇万以上の生産年齢人口減少が新たに見込まれているのです。景気ではどうにもならないというのは誇張ではありません。この事実が「日本の人口減少が経済に悪影響を与えている」という私の一連の議論のなかでもとくに重要な部分なのですが、拙論を批判する皆さんにとってはよほど都合が悪いのでしょう、ここについては皆が無視を決めこんでいますね。

ところで就業者数が減るということは、勤労所得のある人が減るということですから、当然消費に影響します。小売販売額（全国の小売商店と通販企業のモノの売り上げを足した数字）を見ると、ピークは九六年度（商業統計上の表記は九七年度）の一四八兆円。それが一〇年後には一三兆円のマイナスです。九％近くも国内のモノの消費額が減ってしまっています。

——旺盛《おうせい》に消費する現役世代の減少とともに、消費が減った、日本国内の需要が消えていった、ということですね。

藻谷　しかも恐ろしいことに、劇的な生産年齢人口減少が始まるのはむしろこれからです。この先は一年に一％ずつ生産年齢人口が減少していくペースになる。このままいけば一〇〇年後には日本の現役世代がほぼ消滅するような恐ろしいスピードです。実際には出生者数の減少がどこかで止まって、日本の消滅というような事態は避けられるのではないかと期待していますが、足元ではその兆しもありません。世界中で、これほどすごい勢いで現役世代の人口が減っているのはまだ日本だけなんですよ。

この現役世代の頭数の減少を、毎年一％ずつの給与の上昇で迎え撃っていかないかぎり、日本ではとてつもない需要減少が発生しつづけることになります。

――一時的な生産年齢人口の減少ではなく、今後もずっとつづく減少だというところが恐ろしいですね。

藻谷　それだけじゃありません。日本経済が背負っている大きな負荷はもうひとつあります。それは、現役世代が減ると同時に高齢者が急速に増えるということですね。

日本人の世代別人口でもっとも多いのは、一九四〇〜五〇年生まれの人たちです。ご存じのとおり、なかでも多いのは一九四七～四九年生まれの団塊世代です。その大きな人口の塊が二〇一二年から六五歳をこえつつあり、現役世代から退いていっている。

——彼らに今後必要となる社会保障費を考えるだけでも、日本経済には大きな負荷がかかっていることがわかります。

藻谷　そのとおり。それが潜在的に大きな社会不安となって、さらに消費をおさえこんでいる面があるのではないでしょうか。

▼人口オーナスが値崩れを引き起こす

藻谷　こうした人口構造の変化が経済にもたらす影響を過小評価してはいけません。

現役世代が増加することを「人口ボーナス」と呼びます。逆に現役世代が減少し高齢者世代が増加することを「人口オーナス」と呼びます。この人口オーナスこそ小売販売額減少の引き金だったのです。

明治維新以降一九九五年までの百数十年間、日本の現役世代人口は増えつづけてきた。そのあいだ、折々の景気変動こそあれ、大局的には「つくれば売れる」時代がつづいたのです。

ところが一九九六年以降、その時代は終わってしまった。現役世代の頭数が減少するのに合わせて、車や家電製品、住宅など主として現役世代が消費する商品の需要数量は減少を免れない。本当はそれに合わせて企業が供給数量を減らしていけば、少なくとも大きな値崩れは生じないはずでした。

けれども、「つくれば売れる」時代が終わったことに気づかない多くの企業は、大量生産をやめられず、過剰に生産した在庫を叩《たた》き売ることで価格の低下を招いてしまったのです。

そういう実態をみずに、リフレ論者は金融緩和ばかりを言いたて、構造改革派は生産性向上を叫びつづける。彼らはどちらもファクトベースの思考ができていないのです。

——住宅や土地、あるいは自動車、家電など、大きな消費をするのは、世帯をもった現役世代ですからね。その現役世代の人口が減るということは、需要数量が縮小するということです。そして需要数量が減少すれば、それまでの供給力は過剰となり、値崩れがおこる。需給ギャップといわれるものですね。需給ギャップがあるところで生産性を向上させても、それは供給過剰をもたらすだけで、デフレの解消にはなかなかなりませんね。

藻谷　おっしゃるとおりです。たとえ話で話を単純化するとこういうことです。仮に自動車しか生産していない国があるとしましょう。その国では車を運転する世代の人口が激減し、高齢者が激増している。当然、車は売れ残り、値崩れをおこし、みなさんがいう「デフレ」がおきた。そんな国で金融緩和をすると、自動車の売れ行きが回復し、価格が元にもどるでしょうか。運転する人の頭数が減っているのだから、やっぱり販売台数は減っていくでしょう。

極端な例だと思われるかもしれませんが、消費する人の頭数が減って、需要数量が先細っていく、その結果供給過剰が生じて値崩れがおきるという構図は、そのまま一九九六年以降の日本におけるいろいろな製品の状況と同じです。つまり、金融緩和では人口オーナス期の日本でモノの売り上げを増やすことはきわめて難しいのです。

――　おそらくリフレ論者からは、「金融緩和でお金がいきわたると、買い替えのサイクルが短くなって、運転する人の頭数が減ったぶんを補うことになる」という反論がでてきそうです。この点はいかがですか。

藻谷　日本製品は多くの分野で、高性能化・長寿命化が進んでいますからね。「お金が手に入ったので、まだ使えるものでもどんどん買い替える」というのは、アメリカ人であれば、あるいは日本でも一部の若者であれば、そうかもしれません。ですが、日本の高齢者にはめったにみられない行動ですよね。家電製品などに関しては、日本製も昔よりも壊れやすくなっているという見方もありますが、壊れたのをいい機会に、もうそのジャンルの商品は使うのをやめて買い替えもしない高齢者も多いのです。

――　たしかに、高級車や高級腕時計などであれば、お金持ちが何台もコレクションするという例が日本にもあります。ワインなんかもコレクションの対象でしょう。しかし家電製品などは、新製品がでてもそれほど真新しさはなくなってしまいましたから。お金が増えたからといって買い替えにはそれほどつながらないのかもしれません。

▼人口オーナスを無視した結果の供給過剰

――　要するに、需要が縮小するのは現役人口減・高齢者増加という人口構造の変化によって生じた現象であって、貨幣現象ではないということですね。

藻谷　そう、そこなんですよ。この日本の経済状況を「デフレ」と呼んでしまうこと自体が、間違っているのです。

私は貨幣現象であるデフレについて語っているのではなく、日本で「デフレ」と呼ばれているものがじつは、「主として現役世代を市場とする商品の供給過剰による値崩れ」という、ミクロ経済学上の現象であると一貫して指摘しているわけですが、そうであればこそ二〇一〇年に出した拙著の題名についても、『「デフレ」の正体』と、デフレに「　」をつけておくべきだったと反省しています。そうしなかったばかりに、「藻谷氏はミクロ経済学上の値崩れのことをデフレと勘違いしている」という、とんでもない誤読をした先生までいます。ちゃんと読めば、そんな話をしているのではないことはわかるはずなのですが、題名だけを見て中身をよく見ていないのでしょう。流行の「速読」ですかね。

そもそもファクトベースで考えれば、一九九〇年代後半以降極端に値崩れしている商品の分野と、むしろ値上がりしている商品の分野と、日本には両方あることに気づくでしょう。後者の典型例がたとえばガソリンであり、ガソリンの二倍以上の単価で売られているペットボトルの水です。そもそも一九八〇年代までは、ペットボトル入りの水なんて誰も買わずに水道水を飲んでいましたよね。あるいはスターバックスコーヒーの諸商品です。パンでもケーキでも、手づくりの専門店では昔よりずっと高価なものが売れている。車でも、アウディやフェラーリが好調です。ワインも日本酒も、安いものから売れているなんてことはない。

すべての商品が値崩れしているわけではないということは、マクロ経済学のいう、物価が一律に下がっていく貨幣現象としてのデフレがおきているわけではないということなのです。

――なるほど。

藻谷　さっきも言ったように、値崩れをおこしているのは、現役世代をおもに相手にした特定の分野です。たとえば、土地や住宅、家電や家具や自動車という商品です。

――実際、住宅価格は下がり、家電メーカーは不振にあえいでいます。

藻谷　現役世代が減るということは、親から家を相続できる層が増え、住宅を新たに購入する人の頭数が減るということです。アメリカの多くの地域のような乾燥した気候であれば、金持ちが家を何軒も所有するということがおきるのですが、湿潤な気候の日本では人の住まない家は劣化が激しくなるので、なかなかセカンドハウスも売れません。世帯をもつときに買い替えがおきるのが家電や家具ですから、そうした分野でも需要数量が減ってしまいます。

ところが、この人口構造の変化と需要数量の減少に気づかずに、あるいは気づいていても無視をして、以前と同じような商品を同じように供給しつづけてきた企業が多い。こうした分野の商品から値崩れがはじまり、そういう企業が採算割れで経営困難におちいっているのです。

ただし、すべての分野で価格が下がっているわけではない、と申し上げたように、よくよく見ると、非採算部門から採算部門へとちゃんとシフトし、価格を維持しながら利益を上げている企業も数多くあるのですよ。

パナソニックやシャープの危機ばかりがいわれますが、数年前に倒産の危機に瀕していた日立は、値崩れしやすい家電や汎用半導体から重電へとシフトすることで史上最高レベルの利益を出していますし、東芝や日本電気も同様です。日産も高価格車へのシフトを進めてリバイバルしました。

パナソニックだって、高機能のロボットでは世界有数の地位を得ています。間違ったのがソニーで、シフトした先のゲーム市場が若者の減少で縮小してしまいました。さらにインターネット時代の無料アプリの増加が追い打ちをかけています。

ものづくりだけではありません。一時のクーポン合戦をやめて定価販売に回帰したコンビニエンスストア各社も、小売業界では例外的に好調です。実際問題、折々に不調におちいった企業ばかりが報道に取り上げられすぎなのではないでしょうか。

――デフレといった瞬間に、経営者は責任を逃れられる部分があるのかもしれないですね。

藻谷　そう、デフレというマクロの言葉で、値崩れというミクロな事実をおおってしまうと、企業は経営戦略を間違えてしまう。政策決定者についていえば、金融緩和といった単純すぎる処方箋を提出してしまうというわけです。

▼平均値「物価」で見るから間違える

藻谷　デフレという言葉が誤解を招くように、「物価」という言葉にも問題があります。

『デフレの正体』でも、小売販売額と個人所得の増減を論じましたが、物価という言葉は一回も使っていません。

というのも物価はあくまで、値崩れした分野とそうでない分野をいっしょくたにしてしまった平均値です。これだけで「デフレだ」「インフレだ」と論じるのは、「分布を見ずに平均値だけでものを語ってはいけない」という、統計学の初歩の初歩に反する行動ですよね。個別の企業のパフォーマンスのばらつき具合を見ずに経済成長率という平均値だけを論じるのも同根です。全体像をつかむには、平均値や伸び率のまえに、全数調査で積み上げられた絶対数の動きを確認する。細かい事実の分布からの「帰納」を武器に、複雑な実態に薄皮をむくように迫っていく。このふたつが不可欠なのです。

――だから、平均値や伸び率でとらえるしかないマクロ政策には限界があるというわけですね。

藻谷　そのとおりです。マクロ経済学というのは、経済社会全体において一律に、同じ現象が地滑り的におきているという前提で、平均値だけを議論しているわけですね。

ところが、現実の経済社会には、分布というものがあるのです。平均値を使った議論では、分布の中心から外れたあたりでなにがおこっているかは捨象されてしまう。リーマン・ショックの原因が、めったにおきることのない暴落のリスク、いわゆる「ブラック・スワン」のおきる確率を、現実よりさらに低く見積もっていたためだったというのは記憶に新しいところです。

話を戻せば、値崩れしている商品分野と、むしろ値上がりしている商品分野と、両方がある。インフレとデフレが共存しているようなものです。

このような状況の下で金融緩和をつづけても、値上がりしない商品は値上がりしません。バブル期を振り返ってみても、土地は値上がりしていましたが、工業製品や食料品の値上がりはありませんでした。土地に関しては、平均四人兄弟で二人に一人は親から住宅を相続できない計算の団塊世代が、当時四〇歳前後になって旺盛に住宅を取得していたことを受け、需給が逼迫《ひっぱく》していましたが、ほかの商品に関しては十分供給があったのです。

あるいはリーマン・ショックの前の二〇〇五〜七年あたりには、中国などの成長にともなう世界的な需給逼迫を受けてガソリン価格が大幅に値上がりしましたが、ほかの商品の価格はほとんど上がりませんでした。アベノミクスのインフレ目標も、どんどん円安になって輸入燃料や食料の価格が上がれば、「物価」という平均値のレベルでは達成できるかもしれませんが、多くの企業の商品の価格も、多くの人の給料も上がらない危険性が高いでしょう。

リフレ論者は、こうしたひとつひとつの事実を無視して、平均値さえ上がればいいのだと教科書に書いてあるセオリーをざっくりともちだしてくるのですが、あまりにも思考の網が粗いといえるのではないでしょうか。

▼人件費カットでよけいに需要が冷えこんだ

―― わかりました。では、値崩れしている分野に着目して話をしてみましょう。家電などの商品分野というのは、これまで日本が比較的強いとされていた分野ですね。

藻谷　そうです。この強さも人口構造に由来するんですよ。

戦後半世紀のあいだに、日本は生産年齢人口倍増という、これまた諸外国になかったすさまじい人口増加を経験したために、主として現役世代が消費する商品分野において、「規模の利益」が拡大しつづけました。しかも電気製品に関しては、多くの機能と、高い質と、同時に低価格も求めるという、世界的にみればかなり特殊な方向に国内市場が発達しまして、それによく対応した国内家電メーカーが大変に強くなったのです。

――ところが、一九九〇年代後半から現役世代の減少局面、人口オーナス期に突入した。

藻谷　景気に関係ない需要数量減少がおきはじめたということに、自社販売網を維持していた自動車メーカーは気づいて、高価格帯へのシフトを始めたり、女性市場の開拓に注力しはじめたりしたのですが、系列小売店網を失っていた家電メーカーは新たな市場を獲得しなければならないことに気づかなかった。若者でなくてはつかいこなせない「機能」を盛りこんだ商品の大量生産をつづけては売れ残ったぶんを家電量販店で捌くという悪循環におちいり、採算が悪化していったのです。

――そうした企業が人件費をとことん削ってまでシェア争いをし、さらに過剰生産をつづけてしまった。

藻谷　そのとおり。人口ボーナスから人口オーナスにむかうそのときに、本来なら団塊世代の退職にともなって浮いた人件費を企業は、若い世代の雇用や給与増にまわすべきでした。そうすれば、内需の不振もここまでひどくならなかったはずなんですよ。

ところが、人口オーナス期の入り口である一九九〇年代半ば以降、中国など新興国での需要増加で世界的にエネルギー価格が高騰していくという偶然が重なってしまった。需要数量が減少している局面では、エネルギーコスト上昇を商品の価格に転嫁することが難しい。そこで多くの企業は、エネルギー価格の高騰分を、退職者の増加によって浮いた人件費で吸収することとし、採用を抑制して、既存社員の給与引き上げなどもしなかったのです。結果として国内の雇用者報酬の総額はどんどん減りはじめることになり、国内での消費もじりじりと縮小することになりました。

生産年齢人口減少という物理的な事実に気づかずに、事態を安直に「デフレ」と呼んでしまう。そのために「いまはデフレで不景気だから仕方がない」という言い訳が企業社会にまかりとおる。売れもしない商品の低価格大量生産をやめようとか、若者の所得を増やそうなんていう空気は、カケラもでてこない。その結果として、「デフレ」という名の値崩れがいつまでもつづいているのです。

―― 給与が減ったり、職を失ったりする人が増えれば、消費マインドは冷えこむにきまっています。一九九五年以降、先進国のなかでは日本でだけ、名目賃金が低下しました。

そのことはあまり問題にされませんね。

藻谷　ただでさえ生産年齢人口減少に連動して自動的に就業者数が減っているのに、働いている人の所得を増やさず、消費意欲を減らして、どうするつもりなのでしょうか。

▼意味のない生産性向上

藻谷　国内の個人消費が伸びないので、企業は国内に設備投資をしません。設備投資もけっこう大きな消費ですから、さらに需要は減ってしまう。

その結果、さまざまな企業の国内販売がストレートに落ちて、株価も下がってしまった。つまり、みんなでお互いの首を絞めあっているのが、長期不況にあえぐ日本の現状なんです。

――本来なら、需要と供給のギャップに気づいて、生産を絞る企業がでそうなものですが。

藻谷　日本企業の多くには、採算割れは恐れないのに、売り上げ減を過度に恐れる癖がある。そもそも日本社会においては、売り上げ減少と言った瞬間に、外部からもものすごいマイナスイメージをもたれてしまう。人口拡大がつづいた時代に社会全体に染みついたシェア拡大信仰を、人口減少時代になっても改められていないのです。だから、供給過剰が止まらない。経済学が成立する前提となっている、収益拡大を目指した合理的な行動を、企業社会全体がとれていないのです。

——サプライサイド経済学の普及の弊害もあるかもしれませんね。

藻谷　供給されたものはすべて需要されるという「前提」で組み立てられた経済理論を学んだ結果として、「つくったものはすべて売れるのだから、どんどんつくればよい」という、いわば迷信の世界にはまってしまっている。そういう企業人がいるのも事実ですね。

さらにひどい話として、「人口減少＝労働力減少はインフレ要因だから、気にせずに生産をつづければよい」などという議論も、一部のサプライサイド経済学者から公然と唱えられています。同じ理論の裏返しですが、「就業者を増やすことはデフレ要因なので、いまの日本では目指すべきではない」という、ハローワークなどはいっさい要らないと言わんばかりの珍説を唱える「エコノミスト」もいますね。

いずれも、メカトロニクスどころか動力機械自体が存在しなかったアダム・スミスの時代の理論をそのまま踏襲して、労働力増加→生産増加、労働力減少→生産減少という定式が現代社会でも通用していると信じられているらしいのですが、ファクトベース思考の欠如、ここに極まれりです。

実際の日本では、IT化、メカトロニクス化、自動化が進んで、メーカーの生産性はとんでもなく上がっていますから、労働力がいくら減っても、生産はいくらでも増やせます。

石油化学コンビナートで知られる私の故郷・山口県周南市でいえば、過去三〇年間に工場労働者の数は三分の二以下に減っているのに、厳しい国際競争に打ち勝って、工場の出荷額は一・五倍近くに増えている。定年退職者を機械に置き換えることで付加価値生産性が飛躍的に高まっているわけですが、働く人の数が減ったせいで同じ期間に市全体の人口は一割減少し、小売販売額はそれ以上に減っています。

ですがこの周南市は決して例外ではありません。日本の製造業が生産性をどれくらい上げてきたのか、従業員一名以上の国内のすべての工場の数字を合計した工業統計をご覧いただきましょう。図2です。

――一九八五年度を一〇〇として、二〇一〇年度の付加価値生産性は一四六ですか。伸

図2　日本の工業指標の推移

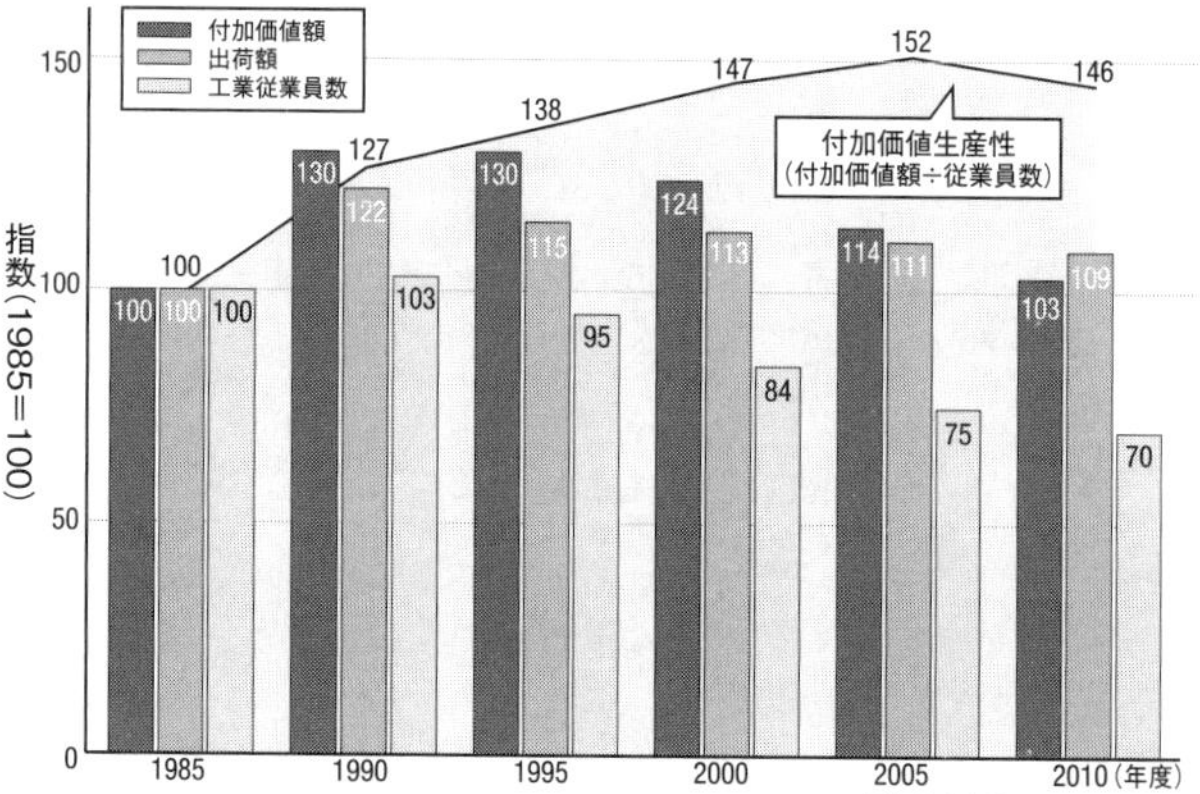

経済産業省「工業統計表」より

びていますね。出荷額も一〇九と増加。他方で減っているこの数字は……。

藻谷　工業従業員数です。つまり雇用ですよ。同じ期間に三割も減ってしまっている。

高度成長期に大量採用したかつての金の卵が一九九〇年代以降大量に定年退職したのを、機械で置き換えて新規採用を抑制してきた結果です。「ものづくりの競争力を高め、出荷額を増やして雇用を増やす」というような時代錯誤の政策を掲げる人すべてに勉強してほしいのですが、現実は「機械化が進み雇用が減ることで、ものづくりの競争力は高まり、出荷額も維持されている」ということなのです。これからも同じことを続ければ、多くの大量生産メーカーは生き残れません。

――工場で働いている人はこんなに減ってしまったのですね。生産性を上げても、雇用が減れば、当然、需要は回復しません。しかし日本経済はその道を突き進んでしまったというデータですね。

▼付加価値の総額こそがGDP

藻谷　本当は付加価値生産性という単なる分数を大きくすることより、うんと重要なことがあるのです。

――なんでしょう。

藻谷　付加価値額の増加です。付加価値生産性というのはこの付加価値額を従業員数で割ったものです。働き手が退職して減ったので日本の製造業全体の生産性は上がった。それにもかかわらず、日本経済にとって本当に大事な付加価値額はバブル崩壊以降ずっと落ち込みつづけているのです。

図2に戻りましょう。一九八五年度の付加価値額を一〇〇としたときに、二〇一〇年度

はわずか一〇三です。ピークは一九九〇年度の一三〇でした。つまり、過去二〇年間のうちに二七ポイントも落ちこんでしまったのです。このあいだにも生産性は一九ポイント上昇したというのに、付加価値額は逆方向をむいてしまっているのです。

――かなりの落ち込みようですね。

藻谷　なぜかといえば、付加価値額の相当部分が人件費だからです。そして、製造業の付加価値額というのは、これすなわち、製造業のうみだすＧＤＰです。

――これでは、日本全体のＧＤＰが上がるのも難しいですね。

藻谷　人件費の上昇、付加価値額の上昇こそが重要なのに、日本の企業は生産性の向上ばかりを目指しています。本末転倒なんですよ。

――どんなにすごい技術があっても、コストを価格転嫁して、それで利益をだし、人件費を上げ、下請けにももうけを配分することができなければ、付加価値額は増加しません。

藻谷　そう、まさにそこなんです。日本企業は価格転嫁から逃げるばかりで、付加価値額を増やすことができずにいる。

重視されるのは人件費を削り、納入企業を買いたたき、コストカットに邁進《まいしん》することばかり。日本経済をよくしようと思ったら、値下げ、賃下げに終始する企業体質を変えていかなくちゃならない。

▼株主資本主義を問い直す

藻谷 だから、この問題を本当に解決するには、株主資本主義のあり方まで問い直さなくちゃならんのですよ。

―― 最近の株主資本利益率は八%くらいにまで上がっていますよね。それが国際標準だという圧力があるようですが、もともと日本では株主資本利益率はそれほど高くはありませんでした。それを無理に上げたことが日本経済に大きなひずみをもたらしたという側面もあるような気がします。そんなに多くを株主に配当するくらいなら、人件費にまわすべきではないかと私も思います。

藻谷 経営戦略という観点からも、株主資本主義はおおいに問題です。長期安定株主が主体ならば、まだましなんですよ。彼らは長期でみたときの企業の収益性を考えてくれるから。

けれども、実際には短期で売買を繰り返す投機的な株主のほうが多い。となると、上場企業の経営者たちは、四半期の利益をなんとかキープすることに必死になります。目先の数字にとらわれて、長期の経営計画などなおざりです。当然、コストカットもやむなし、人件費は圧縮せよ、付加価値額増加などは後回し、となる。

それじゃあ、永遠にGDPは上がらない。当たり前じゃないですか。

だから本当は、マネーゲームを加速させる金融緩和なんかよりも、株主資本主義のあり方を考え直すほうが、本質的な解決に近づくと思うんですけどね。

実際にはマスコミ報道まで、目先の株価が上がれば正義、下がれば悪と、とても短期的な視点に立ってしまっています。現時点でのアベノミクス礼賛も根拠は足元で株が上がっていることだけですが、バブルを何度繰り返しても学ばない人は学ばないのだな、と感じてしまいます。

▼消費よりも貯蓄にむかう高齢者

――せめて株で得たお金を投資家たちが消費にまわしてくれればと思いますが、それもなさそうですね。

藻谷　個人投資家の多くは高齢富裕層なのです。彼らには、現役世代のようにモノを消費する理由も動機もないですからね。退職して給与所得がなくなった人であれば、なおのこと消費せずに「老後の不安に備える」とかいって貯蓄を増やす傾向が強まります。

リフレ論者たちは、日本人、とくに資産をもっている高齢者の貯蓄志向の強さを計算に入れていない。企業が人件費を削ってだした利益を配当するたびに、現役世代から彼ら高齢者に所得が移転します。年間五五兆円におよぶ年金も、現役世代から高齢者への資金還流です。

ところがそうした高齢者の収入の多くは、銀行の口座にたまるか、国債の購入にあてられるかで、モノの購入にはむかわない。米国人であれば、死ぬまでに貯金をつかい切ろうとしますし、つかい切れなければどんどん寄付してしまってそれが経済活動にまわるのですが、日本の高齢富裕層の多くは、つかうことよりもむしろ貯めることで脳内にドーパミンがでるようなのです。日本人は亡くなるときに平均三五〇〇万円を残すという話を聞いたことがありますが、仮にそうだとすれば年間三〇兆円以上の個人財産が、死ぬまでつかわれずに残っていることになる。

リフレ論の依拠する「貯蓄は消費する前のリザーブ（予備）であって、いずれかならず消費される」という前提は、日本ではまさにファクトベースで否定されているのです。

ちなみにリフレ論者のなかには、苦し紛れにと申しますか、「貯金は投資にまわるので、仮に消費されなくとも経済にプラスの効果がある」と主張する人もいます。

バブル期のリゾート投資なんかを考えればわかると思うのですが、消費を喚起できない投資は立ち腐れる物件を増やすばかりで、経済を拡大させません。

ましてや国債購入であれば、国の「公共投資」は税収すら拡大させるのに成功していない、「投資」の名に値しないものですから、経済効果はしれています。「工事費のぶんは建設会社なり建材会社なりの売り上げが増えて経済が活性化する」と強弁する人もいそうですが、その建設会社なり建材会社なりも雇用を削って高齢株主への配当をしているのであれば、やはり消費は増えないのです。

だからこそ、国が空前の借金を背負いながら「公共投資」をつづけてきた一九九〇年代後半以降、小売販売額は一向に上むいていません。「小売販売額はモノ消費限定で、サービス消費は増えている」と唱える人もいますが、算定根拠の怪しいサービス消費のマクロ推計は無視して、モノ消費にもサービス消費にも等しくかかる消費税収を見れば、これまた増えていないのです。「投資は経済を拡大する」というセオリーは、残念ながらまたしてもファクトベースで否定されているわけです。

しかも、そのうえですよ。その高齢者が亡くなって、子どもが相続をするといったって、その相続人の平均年齢はいまの日本ではいくつだと思います?

――けっこうな年齢でしょうね。

藻谷　ある研究者の調査によれば、六七歳です。もっと若いとする別の調査もあるのですが、平均寿命から考えても、自分の周囲の状況を見ても、なんとなく納得できますよね。相続するときにもう現役を退いている年齢になってしまった人は、また消費をしないで貯め込むわけです。

国の借金が一〇〇〇兆円というけれど、日本政府の国債を買っているおもな層は、一四〇〇兆の金融資産をもつ個人資産家、つまり高年齢の富裕層たちです。この層が、もっている金融資産の一%、一四兆円でも消費にまわしてくれれば、日本の小売販売額はバブル期を軽く上回って、国内経済はドラスティックに浮揚するんですけれどね。しかし、この層がまったくお金をつかわないから、内需は縮小するばかりなんです。

▼もはやインフレ期待は醸成しづらい

―― お金を貯めたいと思っている高齢者には、むしろデフレのほうがありがたいですからね。インフレ目標を日銀に設定させて、それによってインフレ期待をおこそう、という政策についてはいかがでしょうか。日銀のめざす物価上昇率まで金融緩和をしたとしても、インフレによって実質の賃金は下がるから、消費熱はすぐにはもどってこないような気がします。

藻谷 現状の日本で、人びとがインフレを予想し、モノの値段が上昇する前に消費をしようとお店に走る図というのは想像しがたいですね。

インフレ期待と人口構造について、もう少しくわしく説明しましょうか。戦後日本でおきた激しいインフレといえば、一九七〇年代の石油ショックのときのものです。では、当時の人口構造と現在の人口構造はどうちがうか。

石油ショック当時の若年層、つまりまだ貯金もなかった二〇代前半の団塊世代の人びとは、インフレとともに給料さえ上がってくれれば、痛くもかゆくもなかった。

当時の中年以上の層も、戦争前後のインフレで財産を失っているので、あまり貯金もありませんでした。だから、インフレによる資産の目減りは怖くなかった。

しかもこの時期、年金制度がかなり整ってきたわけですよ。あの時代の高齢者は、資産がなくとも、自分たちよりはるかに数の多い若い人たちから賦課方式の年金がもらえればよかった。だから、将来への不安感はいまより少なかったはずです。

そういう時代だからこそ、インフレ期待は醸成されやすかったのではないでしょうか。

いまは状況が明らかにちがいますよね。賦課方式の年金制度を支える現役世代が減り、制度自体の維持も危ぶまれている。こうした不安を抱えた現役世代は、いま稼いだお金に頼るしかないということで、インフレになろうが、貯め込むばかりでしょう。高齢者については、さっき言ったとおり、少々インフレになったくらいではお金をつかいません。彼らは何歳まで生きるかわからないという「生存リスク」を抱え、死ぬ前に資産が目減りすればアウトという人たちですからね。

▼高齢者にとっての円安

――とくに所得がもはやない高齢者にとってはデフレのほうが有利ですよね。そうした高齢者たちがいま爆発的に増えているという事実自体が、デフレ圧力になっているということでしょうか。

藻谷　まったくそのとおりです。それに、仮にインフレになっても、人件費さえ上がらなければ、高齢者の貯金は国内では力をもつわけです。

――というと？

藻谷　高齢者がついにお財布を開くのは、介護や医療のサービスを受けるようになったときです。ところが、対外的にみてどんなに円安になろうが、日本語の通じる相手による介護や医療のサービスを受けたいと高齢者は思っています。外国人によるサービスではなくて、日本円を受け取る日本人によるサービスを彼らは買うでしょう。

だから、為替による調整は関係なくなってしまう。円安基調になれば、高齢者の貯金は対外的には目減りします。しかし、国内で自分の医療、介護を頼むという意味では、あまり目減りしないですむ。だから、自分の医療や介護サービスにお金を使う日まで、お財布のひもをゆるめることはないでしょうね。

そして、これからおきる最悪のシナリオは、円安がこのまま進み、仮に輸入燃料や原材料の価格上昇で平均値である物価だけをみればインフレになったとしても、内需が復活しないという展開です。つまり、原材料費と燃料費が上がるだけで賃金水準は上がらず、むしろ物価の上がったぶんだけ実質賃金が下がっていくことで、内需がさらに縮小するというシナリオですね。

▼不動産価格も上がらない縮小社会

――たしかに、インフレになっても労働者の賃金が上がらなければ、市場の縮小はさらに進むでしょうね。

藻谷　そう、縮小します。余った資金が流れこめば不動産価格は上がるんじゃないか、という人もいますし、「安倍内閣の進める金融緩和の裏には、土地バブル再燃を狙う勢力がある」という説まで聞かれるのですが、残念ながら、東京都心の一画など、人口がいくら減っても需要が集中するであろうごく一部の一等地を除いて、地価は上がらないでしょう。

実際、地方に住んでいる人は、人口減少のわが町で土地代が上がるなんていうことは二度とおきないとわかっていますよ。たとえば根釧《こんせん》台地や夕張の地価が上がると思っている人がいるでしょうか。東京だって一歩外にでてみれば、多摩ニュータウンの人で、そこの土地がどんどん上がると思っている人は誰もいません。

なぜそうなるのか。土地というのは工業製品とちがってどうやっても供給を減らせないものですから、人口減少下で供給過剰におちいる商品の最たるものなんです。

――土地はすでに存在するものですからね。

藻谷　そうです、開発済みの土地の面積は減らないのです。ところが人口のほうはどんどん減っていくので、日本の土地は、一方的に供給過剰になっていくことが確定している商品なんですね。自動車ならつくるのをやめればいいんですが、土地の供給量を減らすことはむずかしい。その結果として、土地の「使用収益」=不動産賃料は下がりつづける。使用収益が下がるとわかっている土地のような商品に関しては、「保有収益」=価格上昇によるキャピタルゲインに期待することはできません。保有収益=価格上昇を狙うのであれば、配当という使用収益が見込める一部の株だとか、そもそも使用収益とは無縁で保有収益だけを考えておけばいい貴金属だとかに投資するほうが合理的です。

さっきの石油ショック前後のインフレの話にもどれば、当時は生産年齢人口がどんどん増加していたので、土地の使用収益の上昇も見込めました。だから地価は上昇したのです。一九八〇年代の土地バブルも、団塊世代の土地取得という実需の増加が引き起こしたものでした。しかしながら、今後少なくとも半世紀は生産年齢人口の減少がつづきます。もし足元で土地や住宅などが値上がりしたとしても、そんなものは早晩はじけるバブルでしかない。

――かつては日本の土地を担保に、アメリカ全土を購入できるといった冗談のようなデータもありましたが、そんな不動産価格の上昇も人口構造の変化とともに消えてしまったのですね。

▼止まらない国内経済縮小の流れ

――それにしても、藻谷さんの説明をうかがっていると、人口オーナスが日本経済に与える影響のすさまじさがよくわかります。貨幣供給量を増やし、モノの値段さえつり上げれば内需も拡大するなどという単純な話は、そうそうおこりそうにありませんね。

藻谷　日本のように機械化・自動化が進んで生産力が高くなった国では、ただでさえモノの供給は過剰になりやすい傾向にある。そのうえ、生産年齢人口減少があり、企業も需要不足を織りこんで人件費をカットしまくり、かつアメリカなどとちがって貯蓄をもつ高齢者が消費しないというこの国においては、金融緩和でお金を流したくらいのことでは、需要は回復しません。

企業が採算度外視の大量生産をやめないのに、買う人は減りつづけるという特殊な現象が、多くの商品分野で生じているわけですよ。そうした分野で需給バランスが崩れ、結果として平均値である物価も下がっていくのは当たり前ですね。

――　藻谷さんは、人口オーナスの影響について現実の数字をあげてきちんと説明されているのに、「経済学がわかっていない」と大バッシングを受けていて気の毒ですね。ご著書もなぜか、「人口減少が貨幣現象としてのデフレをおこす」と主張していると誤読されていますね。

藻谷　そういう誤読については、本当に腹立たしいですし、「学者」を名乗る人が公然とそのようなことを本に書いたりしているのを見ると、この国の輸入学問の水準ってこんなものなのか、と暗澹《あんたん》とした気分になります。

いちばんひどいのは、「人口が減少している国や、高齢化率の上昇している国でもインフレはおきているので、藻谷の言うことは間違っている」という主張です。しかし、私が議論しているのは生産年齢人口の減少であって、人口減や高齢化率の上昇ではありません。後者の場合は、絶対数と分数の違いという小学校の算数が理解できていないのでしょう。「生産年齢人口の絶対数が減少しているドイツ、ロシア、東欧、韓国、ジンバブエなどではデフレが生じていない」との「批判」もあります。

ですが、そもそも『デフレの正体』で指摘した「デフレ」ならぬミクロ経済学上の値崩れは、日本のように生産が高度に自動化・機械化され、生産年齢人口が減少しても生産力が減少しない国でなければおきません。ロシア、東欧、ジンバブエなどはここで外れます。

それから、貿易収支が黒字で自国通貨が外国通貨に対して切り上がりつづけているために輸入品高によるインフレがおきないような国でなければ、やはり生じようがない。韓国はここで外れます。だからといって、インフレに苦しんでいる韓国国民はまったくハッピーではありませんが。

さらに、企業が値下げ競争を辞さず、人件費を削りながら不採算商品の大量生産をなかなかやめないという不合理な行動をとる国であることも条件となる。ドイツはここで外れます。

——そもそも藻谷さんは、「生産年齢人口減少がどこの国でもあまねく物価下落をもたらす」などとはいってませんよね。逆に、「世界最高水準の金融緩和を長期にわたってつづけてもなぜ日本では内需の縮小がとまらないのか」を日本国内のデータをもちいて考察したのです。それに対して外国との比較を持ちだすのは議論のすり替えで、有効な反論にはならないのではないでしょうか。

藻谷　おっしゃるとおりです。いくら外国と比較しても、日本で現実におきているこの特殊な問題は解決しません。

しかしどうしても、「生産年齢人口減少があまねく物価下落をもたらす、などということはありえない」という定理を、諸外国との比較により証明したい人がいるとしましょう。

これ自体、私の指摘とは無関係な話ですが、その場合には、生産年齢人口が減っている国同士を比較するのではなく、「生産年齢人口の増減以外の、ほかの基本的な経済状況が同じ国」を探して比べるのが、科学の基本中の基本です。

たとえば新薬の効果を試す際には、同じ薬を飲んだ人間一〇〇人について効き方を比較するというようなことはしません。同じ病気が同じ程度進行している人を一〇〇人選び、まったく同じ説明を施してから、うち五〇人に本物の薬を飲ませ、残り五〇人に見かけはそっくりの偽薬（中身は砂糖）を飲ませて、ふたつのグループへの効き目のあいだに統計上有意なちがいがでるかを見るのです。個人個人の体質に応じて、同じ薬でも効き目がちがうのは当たり前だからです。

つまり、生産年齢人口の減少を消費縮小の誘因とみる私の議論に対して「生産年齢人口の絶対数が減少しているドイツ、ロシア、東欧、韓国、ジンバブエなどではデフレが生じていない」と批判する人は、生産年齢人口が日本同様に減っている国をもってきた時点で、全学問分野に共通の論理を踏み外してしまっているのです。一部の経済人や政治家がそうであることまでは、残念だとは思いますが責めません。ですが曲がりなりにも「学者」や

「エコノミスト」を名乗る人物がこのような論を公言するというのは、日本の学問の水準を貶《おとし》めているという点で、とんでもなく嘆かわしいことです。

▼人口構造とインフレ

―― ここまでのお話をうかがって、経済が実物的なレベルで拡大局面にあるのか、それとも縮小局面にあるのかで、経済政策の効果はまったく異なってくるということを痛感します。

一九九〇年代初頭までは人口構造上、需要がまだ拡大する余地があった。その市場の拡大にともなって設備投資も連動してなされた。それが全体としてインフレを引き起こし、またその傾向があるからこそ、人びとはできるだけ先に消費しましょうという話になったわけですよね。ところが一九九〇年代後半以降の日本ではその実態がない。なのにインフレ期待によって消費を上向かせようというのは、無理な話でしょう。

藻谷 萱野さん、おっしゃっていることは、リフレ論者の読んでいる教科書には書かれていないでしょうが、歴史的事実に照らしてもそのとおりなんです。

過去にインフレがおきた国というのは、その時点で生産年齢人口が拡大していたか、あるいは、ひとりあたりのGDPがひじょうに低いために、まだ経済の伸びしろが大きかったかのどちらかなんですね。

ジンバブエもロシアもそうですけれど、仮に生産年齢人口が減っていても、ひとりあたりのGDPが世界の先進国水準の何分の一、何十分の一しかないので、経済拡大のポテンシャルがひじょうに大きいわけですね。そういう国だと、当たり前のことなんですが、生産年齢人口が減っていようともインフレがおきる可能性がある。

ところが、日本のようにひとりあたりのGDPが世界の先進国水準に達していて、かつ人口が減少している国において、同じようにインフレがおこせるのか、ということなんです。

一部の「経済学者」は、「俺の読んだ教科書では生産年齢人口の増減も、ひとりあたりGDPの絶対水準も考慮されていない。だから日本でもインフレはおこせる」と言い張るのでしょうが、社会的、哲学的、歴史的考察からいえば、それはおきないであろうと考えるべきだと思いますね。

―― 抽象化された経済のモデルだけで考えていると、どうしても歴史的局面を見失いがちになるということですね。

藻谷　先ほどのドイツの話に戻ると、ドイツにおける戦後のベビーブーマーは、日本より一〇年以上、遅れて生まれているのですよ。韓国については二〇年遅れです。

―― 日本のように終戦後すぐにベビーブームになったわけではないんですね。

藻谷　ドイツは本土決戦をやって、国が完膚なきまでに破壊されたんですよね。韓国では朝鮮戦争の惨禍がありました。だから、終戦後にすぐに子どもがたくさんうまれるようなことにはなりませんでした。日本でも沖縄だけはそのような状況でした。だから人口オーナスの発生が沖縄だけ遅れているのです。

▼アメリカの後を追えばいいのか

―― 各国それぞれ歴史があり、ちがう人口構造をもっている。しかし、リフレ派の人たちはすぐアメリカを例にとって、日本もアメリカ並みに思い切った金融緩和をやるべきだと言います。たしかに、リーマン・ショック後のあの危機をアメリカは量的緩和で乗り切り、デフレにはおちいらなかった。効果はあるじゃないか、というわけです。その点についてはどうですか？

藻谷　アメリカでは、かなりペースダウンしているとはいえまだ生産年齢人口が増えつづけていますからね。ですがそのことをおいても、この話にはふたつ欠陥があります。

現実的な話から言いますと、FRB（連邦準備制度理事会）議長のベン・バーナンキが、リーマン・ショック以降、四年のあいだに立てつづけに量的緩和を三回やったのですが、三回目の量的緩和は過去の二回より効いていない。株価は上がりましたが、失業率は日本の二倍です。だから、最近のバーナンキはアメリカでは旗色が悪いんです。アメリカでもそろそろ、「お金があればそのぶん消費する」という行動が弱まってきているのではないかというのは、いまのアメリカ人の多くが感じていることなんですね。

もうひとつ、アメリカがデフレよりもインフレに傾きやすい、根本的な理由があります。それは過去四〇年以上も進行してきたドル安で、米国民にとって輸入品の価格が高くなりつづけているのに、高水準の輸入を続けていることです。工業の競争力が弱くて輸出は振るわないのに、国民の消費が旺盛で輸入は盛んなため、貿易赤字が続いてドルも下がりつづけてきたわけですが、ドルが基軸通貨であるために常に国外から資金が流れ込むので、それでも国として資金繰り破綻をおこすことなく、輸入を続けてこられたのです。

世界をみわたすと、常に通貨が下がりつづける国と上がりつづける国の二極分化がいまおきているんですね。下がりつづける国の典型がアメリカです。

アメリカの産業の空洞化は相当なものです。工業製品の多くを自給できず、中国や日本などからの輸入に頼っていますから、ドル安になれば、輸入品価格の高騰でインフレ基調になりやすいのです。

——やはり基軸通貨の強みはありますね。他方で、アメリカ以外の国は大変ですよ。通貨安になればたしかに輸出を伸ばすことはできますが、高い資源を買わなきゃいけなくなると、どんどん消費者の負担は増えますから。

藻谷　韓国がまさにその典型で、昨年末から円に対しては少しウォン高になってきていますが、基本的にはずーっと通貨が下がっている国なんですね。なのに日本同様に、資源も食料も自給できていない。だから韓国では必然的にインフレ傾向がつづいてしまうわけです。

逆に、通貨が常に切り上がっている国は、ユーロ導入前のドイツ、日本、スイス、シンガポールなんです。これらの国の共通点はなにかというと、強い工業セクターやサービスセクターをもっていて、どうしても経常収支黒字になる。その結果、常に通貨高になりつづけるということです。

そうするとなにがおきるか。日本国内ではデフレだといっているのですが、海外で日本製品を買っている人たちから見ると、過去二〇年間、日本製品の値上がりがずっとつづいていることになる。

つまり日本は、世界の他地域からみればぜんぜんデフレではなくて、むしろインフレ状態にあるのです。日本人の人件費も日本製品の価値も、外からみればどんどん上がっているわけです。でも、日本国内で円で暮らしている人たちはぜんぜんその恩恵を受けてないという状況です。

日本というこの国に過剰生産力があって、ハイテク商品がうまれていて、かつ人口減少によって輸入が減っている以上、どうしても世界的にみると通貨が切り上がっていく運命なんです。それゆえに日本は、さらに競争力の高い、値段が高くても売れる商品を開発して、上がっていく自国通貨と闘っていくしかない。

▼円安にすれば日本経済は救われるのか

――金融緩和論者は、すぐ「円高はけしからん、円安にしろ」と言います。でもいまのお話からいえば、たとえしばらく円安になったとしても、輸出が伸びるなり、資本輸出が伸びるなりして経常収支が黒字になれば、どうせすぐ円高になるということですよね。ずっと円安でいることはまず不可能だと思うんですが。

藻谷　日本がアメリカみたいに製造業を失わないかぎり、あるいは度をこした金融緩和をやって国債が暴落したり、円の信用が失墜しないかぎり、円安でいつづけるのは無理でしょう。

皆さん、日本がダメだダメだと言うけれど、はっきり言って、スイス、シンガポール、日本という、自国通貨が切り上がりつづけている国というのは、諸外国から羨《うらや》ましがられている国でしてね。

そういう地位を捨てて、アメリカみたいに産業空洞化を目指そうという戦略をとるなら

図3　日本の輸出入額と貿易収支

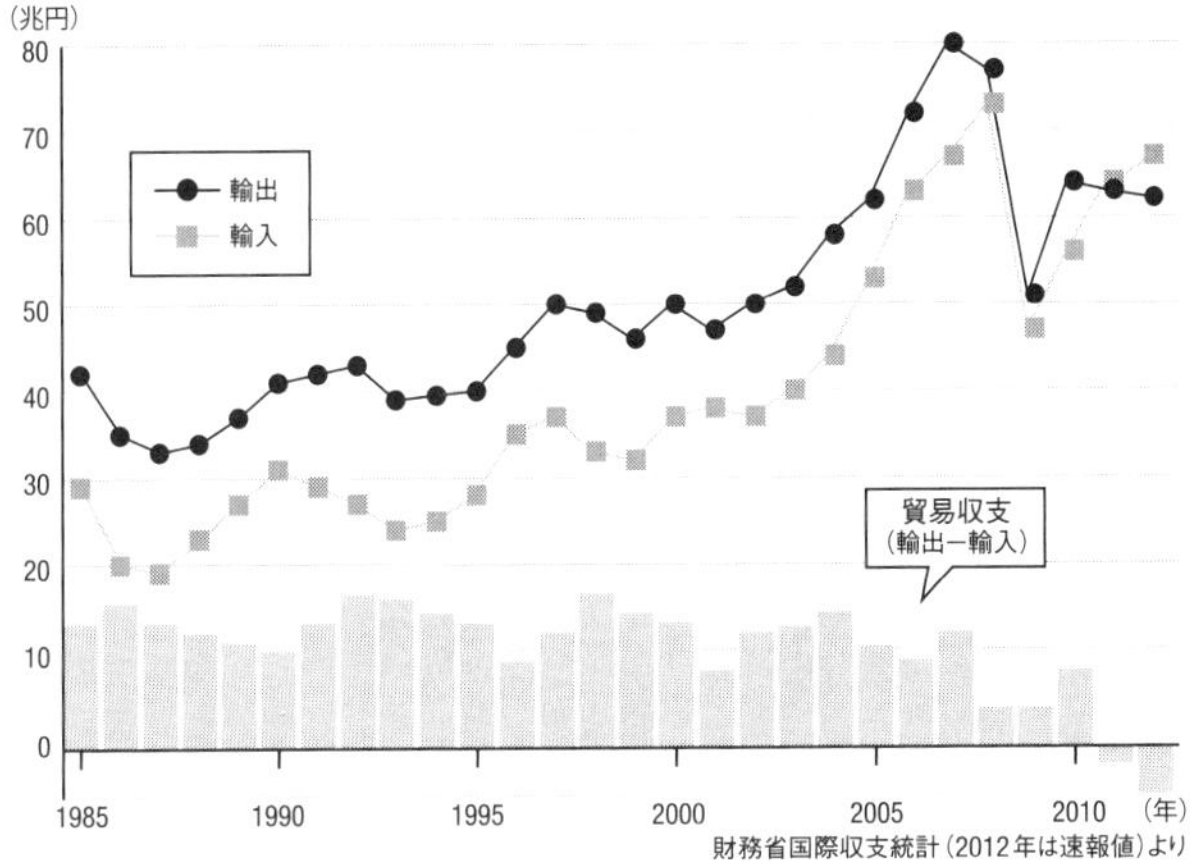

財務省国際収支統計(2012年は速報値)より

ば、円安になりますよ。だけど、それは自殺行為としかいいようがないでしょう。

だいたい彼らが根本的に間違っているのは、円高のために輸出が減っていると思いこんでいることですよ。

図3を見てもらえばわかりますが、プラザ合意で円高が始まって以来三〇年近く、日本の輸出は減るどころか一・五倍に増えてきたのです。貿易収支も、原発事故にともなって石油・ガスの輸入量が激増するまでは、一貫して黒字でした。ところが二〇一二年末から円安が始まったので、化石燃料の輸入価格は機械的に上昇しはじめています。このまま円安を放置すれば、今年（二〇一三年）の日本は、

貿易収支のみならず金利配当収入を入れた経常収支でも、高度成長期以降はじめての赤字におちいるでしょう。アベノミクスによる円安を喜んだすべての人たちには、年末には己の不明を懺悔《ざんげ》してもらわねばなりません。

幸い、シェールガスのおかげでアメリカのエネルギーの輸入依存度が下がっていけば、産油国の石油やガスがだぶついて、日本の化石燃料輸入価格も下がっていく可能性はあります。そこに望みはありますが、いずれにせよ円安を喜んでいる場合ではない。

エネルギー価格に関しては、これまで円高だったから日本は助かってきたんです。韓国ではウォン安なので、ガソリンが値上がりして国民の生活は苦しくなるばかり。中国も同じです。

――しかし、円安になれば輸出が伸びるという主張は相変わらずです。

藻谷　「Jカーブ効果」で、まず輸入が増え、赤字が増えてから、おもむろに輸出が増えて黒字になっていく、という論ですね。輸出減ではなく輸入増で赤字になった日本にはこの一般論は当てはまりません。二〇一一年三月の東日本大震災に超円高が加わっても、二〇一二年七月に尖閣《せんかく》問題が生じるまで、日本の輸出は減っていなかったのです。ですから、円安にして輸出を回復しろといわれても、落ちていなかったものをどう回復させるんだという話になります。

リーマン・ショック直前の二〇〇七年と比べれば三割ほど落ちているという人がいますが、あのころは欧米がバブルに踊っていて、モノが飛ぶように売れていました。円安になっても、欧米の景気がリーマン・ショックの前のレベルで過熱するわけではないのです。

とはいえ、もちろん円安になれば、輸出企業の売り上げは増えずとも収益は回復します。日本のGDPの約一五％は輸出関係ですから、その部分では経済は拡大するでしょう。ですが、日本国全体の国際収支は悪化を免れない。

さらに致命的な問題は、円安によって化石燃料輸入のコストが機械的にはね上がるぶん、日本のGDPのほとんどを占める内需対応型企業の収益が低下するということです。コスト増を商品価格に転嫁できればいいのですが、そうではなく人件費や下請けへの発注をさらに削るという旧態依然の対応が横行すれば、確実に経済は縮小します。

―― コストを価格転嫁できないまま円安でエネルギー価格が上昇すれば、確実にそうなりますね。

▼富裕層にのみおこったトリクルダウン

藻谷　アメリカみたいに金融緩和をすれば日本も景気がよくなるのか、という質問に戻りましょうか。

日本はすでに一九九〇年代の後半からゼロ金利政策をつづけています。とくに二〇〇一年から二〇〇六年まで、小泉政権とほぼ重なる時期には、当時史上空前の金融緩和がおこなわれましたよね。その時期には円安も進行し、輸出も二〇〇七年にはバブル期の二倍と史上最高水準を記録した。いざなぎ景気を上回る「戦後最長の景気拡大」が実現したわけですが、その当時でも日本の小売販売額は伸びなかったんですよ。

――当時の量的緩和の効果をどうとらえるかは、論者によって正反対ですね。

藻谷　当時政府内部にいたリフレ論者たちの言い分としては、「あそこで金融引き締めに走ったのが致命的だった。もうちょっと頑張って金融緩和をつづけていればかならず消費も増えたはずだ」というのです。

彼らは数字を見ていません。金融緩和が本格化した二〇〇三年から二〇〇六年にかけて、日本人が個人として税務署に申告した課税対象所得額は一四兆円も増え、バブル期の水準を大幅に上回ったのです。ところがそれでも消費は増えなかった。増加したのは高齢富裕層の所得だけだったからです。

――個人所得へのトリクルダウンはたしかにあった。ただし、流れた先は富裕層だったと。なるほど。

でも、藻谷さん、どうして富裕層だったといえるんですか。

藻谷　勤労者の所得である雇用者報酬は二〇〇二年から減りつづけているのです。つまり働いていない層の不労所得が増えたということ以外に考えようがない。

ちなみに全国で一四兆円増えた個人所得のうち、三兆円はなんと、国内の高齢富裕層が集中していると推測される東京二三区民の所得増加なんですね。ですがこの時期、東京都でも雇用者報酬の総額は減っています。

つまり、当時の史上空前の金融緩和は、高齢富裕層の所得を明らかに増やしたにもかかわらず、雇用者報酬はまったく増やさなかった。彼らがマネーゲームで稼いだお金をまったく実物消費にまわさなかったからです。

▼消費への波及効果はほぼゼロだった

藻谷　消費が増えなかったことについて、もう少し正確な議論をしておきましょう。商業統計によれば、二〇〇三年度と二〇〇六年度の比較では、日本の小売販売額は一・四兆円だけ増えました。これを金融緩和の効果だと述べたリフレ論者もいます。ですが商業統計は全数調査ですので、部門別の内訳がわかるのです。

――　内訳がわかるんですね。どんな業種の売り上げがのびたのですか。

藻谷　この時期に売り上げが増えたのはなんといっても燃料小売業でした。燃料小売業の売り上げを両年とも除外すると、二〇〇三年度から二〇〇六年度にかけての日本の小売販売額は減少だったのです。

――　新興国での需要拡大に円安が重なって、ガソリン代が高かった時期ですよね。ほかの商品はコストカットで価格転嫁されていなくても、ガソリン代だけはさすがに上がっていた。

藻谷　しかしながらガソリン代への価格転嫁もやはり十分ではなく、採算割れしたガソリンスタンドの倒産が相次いだのは記憶に新しいところです。いずれにせよ金融緩和で消費が回復したわけではなくて、ガソリン以外の消費はむしろ減っていた。

しかし、こんなデータを見せれば、きっと彼らは言うんですよ、小売販売額にはサービス消費が入っていないだろうと。じゃあ、消費税を調べてくださいよ、と私は言いたい。消費税の税収もほとんど横ばいなんですね。

――金融緩和で需要の刺激にはいたらなかったと、データがきちんと証明しているわけですね。

▼政府、銀行、富裕層のトライアングル

藻谷　ちなみに高齢富裕層は、この時期に増えた所得をいったいなににつかったのか。国債を買ったんでしょう。あるいは外貨預金。

――富裕層の所得が増えた部分が国債にまわされていることがまた問題のひとつの根ですね。そうなると、高齢富裕層、銀行、政府のなかでお金がぐるぐるまわっているだけということになる。

藻谷　そうです。まあ富裕層が国債を買っているといっても、国がどんどん国債を発行しつづければ、いずれ国債の信用が毀損《きそん》されて金利が上がります。そうすれば発行済国債の流通価格が下がりますから、結局富裕層の資産内容も悪化していくんですけどね。いまの高齢富裕層、銀行、政府のトライアングルでいえば、資産が悪化のリスクをはらみながらぐるぐるまわりつづけているということです。

――それでも株や外貨よりはリスクが小さいと踏んで国債を買うんでしょうね。どちらにせよ、そのお金は現役世代のほうにおりてこないわけですから、実際の消費活動にはまったくまわらない。

せめて富裕層がこのお金で消費をおこなってくれれば、と思いますよ。そうすれば、企業も設備投資をし、人件費も上がるかもしれない。でもそうなっていない以上、消費は拡大せず、経済の活性化もありえませんね。

藻谷　そういうことです。輸出増があろうが金融緩和しようが、彼らは少なくともこれまでは国内での消費を増やさなかった。だから設備投資も人件費増加もおきず、雇用者報酬も増えなかった。そのためにまったくモノも売れなかった。

これはまさに金融緩和の罠《わな》というべき問題ですよ。お金をばらまいても、生産年齢人口が減少する日本では高齢富裕層のところでとまってしまい、消費意欲の強い現役世代にはいきわたらない。したがって、需要は回復しません。それどころか、国債の信用毀損というよけいなリスクまで引き起こしてしまっているということです。

▼逃げ足の早いグローバル・マネー

藻谷　もうひとつ、指摘しておいたほうがいいのは、グローバル化されてしまった金融市場のありようです。金融自由化以前は外貨投資が難しかったじゃないですか。

しかし、いまは自由にできる。マネーが国境をこえて、しかもかつてないスピードと量で取引が可能になったということが、国内での金融緩和の効果を減殺してしまうのです。

仮にアベノミクスによるさらなる金融緩和の結果、日本が円安になって、今度こそインフレ傾向になるとしましょう。そうなると今度は資金が国外に逃げて、やっぱり国内消費にはまわらなくなります。これは現にギリシャでおきたことです。いわゆるキャピタル・フライト（資産逃避）ですね。

――しかも日本だけでなく世界中が量的緩和をおこない、グローバル・マネーはあまりまくっている。ユーロ圏にくらべれば日本は安心だと逃げてきたマネーも、ちょっとしたきっかけで一瞬のうちに日本から離れていくでしょう。

藻谷　現時点（二〇一三年初頭）では、久しぶりに株が上がったと皆さんがはしゃいでいますが、これは相対的に欧州の経済見通しが暗く、かつ円安になって日本への投資が割安になったので、国際投機筋の資金が流れこんできたものです。欧州の経済が数年内に復活にむかえば、今度は資金が逆流する可能性は十分にあります。そうなると株価が下がるだけでなく、新規国債の消化や、既存国債の借り換えが難しくなって、金利上昇→発行済国債価格の下落→インフレ傾向の加速と円安→輸入資源価格の高騰による国際収支のさらなる悪化、というような悪循環が生じるかもしれません。

▼インフレのコントロールは不可能

――金融緩和の副作用として、ほかに考えなくてはならないことはありますか。

藻谷　金融緩和は、貨幣流通量を増やすという点のみについては、実際に機能するわけです。やればやるほど実物経済の価値に対して通貨量が多くなりますから、潜在的なインフレの種がまかれていることには間違いありません。なにかのきっかけで表にでる可能性のある、インフレ・ギャップが溜まっていくのです。

それがゆるやかなインフレをもたらすのか、急激なインフレをもたらすのか。ここで急激なインフレといっているのは、なにかの値段が上がるというよりは、日本円自体の価値が下がり、国債の流通価格が暴落し、円安で輸入品だけは価格が高騰する、そんな状態です。リフレ論者はかならず「前者である」と主張するのですが、実際にはそれを保証する実証データの蓄積はありません。間違ってインフレが過熱したときにそれを制御できる方策があるのかと問うと、「現に日銀がこれだけ長期のデフレをもたらしているのだから、今度は日銀が金融引き締めをすれば簡単にインフレは収まる」という答えが返ってくるのですが、そもそも「いまのデフレは日銀のせいである」という説が間違いならば、彼らの言う対策も効かないのです。

これまでお話ししてきたように、日本でのいわゆる「デフレ」は、貨幣供給が少ないことによって全般的におきているものではなく、主として現役世代を市場とする商品の供給過剰による値崩れですから、やっぱり日銀には無関係でしょう。

これは結局、信じる人は信じるという話で、リフレ論への賛否の議論が「神学論争」と呼ばれるゆえんです。

ただリフレ論の信者に、ある共通の属性があることは間違いないでしょう。それは「市場経済は政府当局が自在にコントロールできる」という一種の確信をもっていることで、だからこそ彼らは日銀がデフレもインフレも防げると信じるわけです。

これを私は「近代経済学のマルクス経済学化」と呼んでいます。昔ならマルクス経済学に流れたような、少数の変数で複雑な現実を説明でき、コントロールできると信じる思考回路の人間が、旧ソ連の凋落《ちょうらく》以降、近代経済学のなかのそういう学派に流れているということなのではないでしょうか。

——リフレ論者の特徴にそうした傾向があることは、私も少し感じます。問題は、リフレ論者の楽観とはちがって、いずれ急激なインフレがおこる可能性もあるということですね。

藻谷　そうです。いや、正確にはスタグフレーションです。仮にそうなっても、過剰生産能力が消えるわけではありません。買い手が減っているのだから、突然、車だとか家電製品が売れはじめるということはないんです。その結果、企業収益は上がらないので、雇用者報酬も増えないでしょう。つまり、円安で輸入原材料価格ばかりが上がり、国民の生活は苦しくなるという、いわゆるスタグフレーションが生じる懸念が大きいということです。

さらに怖いのは、前回インフレが生じた石油ショックのころに比べてはるかに多くの高齢者を抱えているいまの日本では、インフレへの耐性がひじょうに弱くなっているということです。なんといっても、石油ショックのころは三〇〇万人弱だった七五歳以上の後期高齢者が、現時点で一四〇〇万人近くいるんですよ。インフレによる貯金の目減りで彼らがおちいるであろうパニック心理、彼らの面倒をみるために若者が新たに負う負担、いずれもすさまじいものになると思われます。そうなれば、ますます消費が冷えこむでしょう。

▼人口オーナスをチャンスに変える

――なるほど、いまの日本にとって過度の金融緩和がいかにリスクの大きい政策かということがよくわかりました。

藻谷　生産年齢人口が増加傾向にあり、納税者や消費者が増えていた戦後半世紀の経済拡大期と同じやり方では、もう日本の経済は回復しないんですね。

実際問題として、少しでも現場をみている人ならば、日本の人口構造の変化と、その帰結としての経済構造の変化に気づかないはずはないんです。とくに過疎地や地方都市の現実を知っている人は、私の話になんの違和感も抱かないでしょう。

しかし、政策を議論する場になると、これまでどおりの安易な成長待望論が幅を利かせてしまう。貨幣さえばらまけばインフレになる、あるいは技術革新で全要素生産性を高くすれば経済成長は可能だというマクロ経済学の一般論に、なんとなく頼ってしまうんですね。

でも、今世紀に入って、すでにこれだけ金融緩和をし、技術開発だってつづけているのに、日本の経済は成長していません。それは現役世代の減少と高齢者の激増という、日本の特殊な現実から目を背けているからです。企業も国も、右肩上がりだった人口増加時代のやり方はもう通じないのに、戦略の刷新を先送りにしているのです。

――では、今後、人口オーナスが進むなかで金融緩和の効果がないとしたら、どうやって細りゆく需要を回復させていったらいいのか。藻谷さんはどのように考えていらっしゃいますか。

藻谷　人口そのものを増やすことは、他書でも書いていますが、移民をいくら増やそうとも、出生率をいくら上げようとも、少なくとも今世紀前半は物理的に不可能です。

ですが救いは、人口減少の進む国では、本来、失業増加なしに生産性の向上を達成できるということです。現に日本の完全失業率は先進国では最低水準を維持しています。加えて輸入資源の総量も人口減少に応じて減らしていける。あとは、先ほどから言っているように、企業がちゃんと数少ない現役世代、とくに結婚や出産をきっかけに退職してしまった女性を雇用し、彼らに支払う給与を人口減少を補うペースで増やしつづけるということが大事なんですよ。

人口オーナスは「日本の雇用や内需を維持しつつ、同時に生産性も高めていける」という、日本の歴史が始まって以来の大きなチャンスともいえるのです。

人口減少時代に、政府の税収が自動的に増えることはありません。ですから企業は「景気対策」を政府に任せることをやめて、みずから若者を雇用することで内需を拡大させていくべきなのです。ところが多くの企業は、自分のところがもうからないのは国の政策が失敗したせいだと責任転嫁するばかりで、人件費を自分から上げなくてはならないとは考えもしない。

アベノミクスを批判してきましたが、安倍首相が企業に人件費を上げるように要請したのはまったく正しい。これは歴代総理がやってこなかった大英断です。おそらく純粋なリフレ論者は、「そんなことをしなくても日銀総裁を変えれば万事ＯＫ」とつぶやいているでしょうが、ファクトベースで考えれば、首相の要請に企業が応《こた》えられないようであれば日本経済の先行きは暗いといえましょう。

そもそも生存権は個人のもので、企業にはそんなものはありません。コストをきちんと価格に転嫁せず、現役世代にしか消費されない商品の大量生産をやめられず、デフレなのは日銀のせいだと責任転嫁をしている一部の大企業を、景気対策で延命させるのは、最大の無駄です。そうした企業は市場から退場させて、その従業員はもっとまともな職場に転職させるべきなのです。

アメリカのような人口増加社会では、景気を無理に拡大させ、雇用の総数を年々増やさないと失業者が増えて社会不安がおこりますが、日本のように年々人手不足が進んでいく社会では、貴重な人材に低賃金長時間労働を強いること自体が経済力の損失になるわけで、非効率な企業を温存して雇用を維持しなければならない理由がないんです。

――そういう企業が淘汰されていけば、雇用状況もだいぶ変わりますね。

藻谷　個別に見れば、そういう罠にはまらず、高く売れるモノを裕福な高齢者に売ったり、海外市場で売って生き延びる会社がいくらでもでてきています。相対的には中堅・中小企業に多いと思いますが、ろくに人件費も払えない企業が退場し、消費性向の高い若者と女性に高い人件費を払える企業が生き残っていけば、人口減少であっても経済は拡大していくんですよ。

他方で政府は、金持ちも生活困窮者も一緒に支援するようないまの年金への財政投入をやめて、賦課方式の原則どおりの額の支給をおこなうべきです。高齢者には、まず貯金をつかい切ってもらい、その先、困窮する高齢者には生活保護などのセーフティーネットを手厚くすればいいのです。このことにより、財政支出削減と高齢者の貯金の社会への循環と、高齢化社会に対する不安の払拭を、三つ同時に実現することができます。さらにつかいきれないほどのお金を貯め込んでいる高齢富裕層には、金融資産税や相続税をかけ、他方で贈与税や固定資産税を削減し、なるべくお金をつかわせるようにする。

対処策をまとめると、私の認識は『デフレの正体』に書いた当時とまったく変わっておらず、①給与アップなど、高齢富裕層の貯蓄を若者の給与にまわすあらゆる努力、②女性の就労を促進し女性経営者を増やすこと、そして、③外国人観光客の消費を伸ばすことの三つです。いずれもリフレ論者の描く策のような目をひく即効性はありませんが、即効性をうたう策は副作用も大きいのであり、ひょっとすると効果がなくて副作用だけが生じるかもしれません。この三つの対処策によってじっくり日本経済の体質を改善する以外に打つ手はありませんし、やれば確実に効果は生じます。

こうしてひとつひとつ、人口減少と高齢者の増加を直視した新たな手を打っていくこと、つまり人口要因を無視したリフレ論者の空理空論の影響を政策から排除することで、日本は成長をつづけることができるでしょうし、社会不安がなくなっていけば今世紀半ばあたりから人口減少もかならずや止まっていくことでしょう。

——人口減少ニッポンの未来は、じつはやり方次第で明るくできるということですね。

第二章　積極緩和の長期化がもたらす副作用

河野龍太郎×萱野稔人

河野龍太郎（こうの　りゅうたろう）
一九六四年、愛媛県生まれ。ＢＮＰパリバ証券経済調査本部長・チーフエコノミスト。一九八七年、横浜国立大学経済学部卒業、住友銀行入行。大和投資顧問などを経て、二〇〇〇年より現職。「日経ヴェリタス」二〇〇八～一〇年、二〇一二年債券アナリスト・エコノミスト人気調査エコノミスト部門第一位。

▼金融緩和反対で日銀人事案否決

――はじめまして。今日はよろしくお願いします。河野さん、かなりお忙しいご様子ですね。証券会社のエコノミストとして機関投資家へのアドバイスをされているだけでなく、日本の財政・金融政策の立案にかかわる人びととも仕事をされているとか。

河野　日銀、財務省、経済産業省、それから内閣府の経済政策担当部署の方がたとは、日々やりとりしています。一日に二、三件は常にアポイントが入っている状況です。

――証券会社という金融の現場にいらっしゃるだけでなく、日本の財政・金融政策の根幹にもかかわっているプロフェッショナルなんですね。

ところが、その河野さんを日銀審議委員として起用する国会同意人事案を二〇一二年三月に民主党政権が提出したところ、翌月の参議院本会議で否決されてしまった。

河野　ええ。その節はお騒がせしました。

――その採決ではおもに自民・公明両党と、みんなの党が反対したと報道されました。彼らに言わせれば、河野さんは「追加金融緩和に反対で、デフレ脱却に消極的」だということでした。私は河野さんが金融緩和に反対されていることがひじょうに興味深くて、今回お願いしてお時間をいただきました。

というのも、金融業界というのは基本的に金融市場で変動がおこったときに利益がでる業界ですよね。株も為替も、上がろうが下がろうが変動さえあればもうけることができる。だから、目先の利益だけを求める人なら追加の金融緩和は大歓迎のはずですよね。

ところが河野さんはちがう。つまりそれは、金融緩和について河野さんが相当な危機感をもっていらっしゃるということではないか。その危機感とはどういうものなのかをおききしたいと思ったのです。

河野　となると、まず言っておかなくてはいけないのが、私は「どんなときでも金融緩和をしてはならない」と考えているわけではない、ということでしょうね。金融危機がおきた直後などには、大胆な金融緩和が必要になります。それは否定しません。

ただし、いまの日本の状況は、リーマン・ショックのような大きな危機に直面しているのではありません。ダラダラと低成長がつづき、デフレが長引いているのはたしかですが、金融危機のときのように急激におきるショックへの対症療法が必要かといえば、それはちがうだろう、と言っているわけです。
日本経済の問題はもっと構造的なもので、金融緩和をこれ以上推し進めても日本経済の抱える病理は解決しない。むしろ悪化させるリスクもある。それが私の考えていることです。

——バブル崩壊のような一時的な危機ではなくて、もっと根本的な問題があると。ではずばり、この日本経済の病理は、なにが原因だと考えていらっしゃいますか。

河野　端的にいえば、低成長の原因は人口動態だと思います。そして、それを認識したうえでの構造改革や社会制度の構築がおこなわれていないことが問題です。

▼需要としての設備投資

河野　萱野さんは、藻谷さんにもお会いになっていますよね。これは藻谷さんも指摘されたことだろうと思いますが、いま日本では少子高齢化が進み、生産年齢人口が減っています。この生産年齢人口の減少というのは、すなわち消費意欲の高い人口の減少ですから、個人消費の落ち込みにつながるんです。

——ええ、そこから内需の不振が始まった。それで、経済全体が縮小していったというお話でした。

河野　生産年齢人口、ひいては生産年齢人口から学生や専業主婦などをのぞいた労働力人口が減ることによって、需要の縮小があっただけでなく、日本経済の実力そのものが低下したんじゃないか、ということを私のほうからは申し上げることになるかと思います。

経済の実力そのものが落ちたときに、貨幣供給量を増やすことでなにか改善できるのか、むしろ逆効果だったんじゃないか、という話です。

そこで最初の切り口として考えたいのが、企業の設備投資です。

——それは企業部門の供給能力について考えていくということですか。供給能力を上げましょう、という。

河野　いえいえ、ここで考えたいのは「需要としての設備投資」です。

どういうことかというと、支出をする主体というのは個人ばかりじゃない。企業も設備投資というかたちで支出をおこなっています。設備投資は需要側と供給側、ふたつの側面をもつのですよ。

先ほど話にでた生産年齢人口にしても、労働力の規模とみれば供給側（サプライサイド）の要素ですが、個人消費の主体の規模とみれば需要側（デマンドサイド）になったわけで、それと似ていますね。

世の中には、「需要に関係なく、供給力を強化すれば経済成長が達成できる」と主張する「サプライサイド経済学」というものもありますが、ここでそういう流れの話をするつもりはありません。

出発点はあくまで需要です。供給構造に問題があるときも、現象としては需要に問題がでてきます。それを前提にして、お話ししたいと思います。

▼設備投資と人口動態

―― わかりました。となると、需要としての設備投資が人口動態、つまり生産年齢人口の減少とどうつながっているのか、というお話になりますね。

河野　実際、生産年齢人口がどう推移してきたかを確認しておきましょうか。図1を見てください。二本の折れ線のうち白マルの折れ線が、日本の生産年齢人口の伸び率をあらわ

図1　日本の資本ストック(トレンド)と生産年齢人口の伸び率

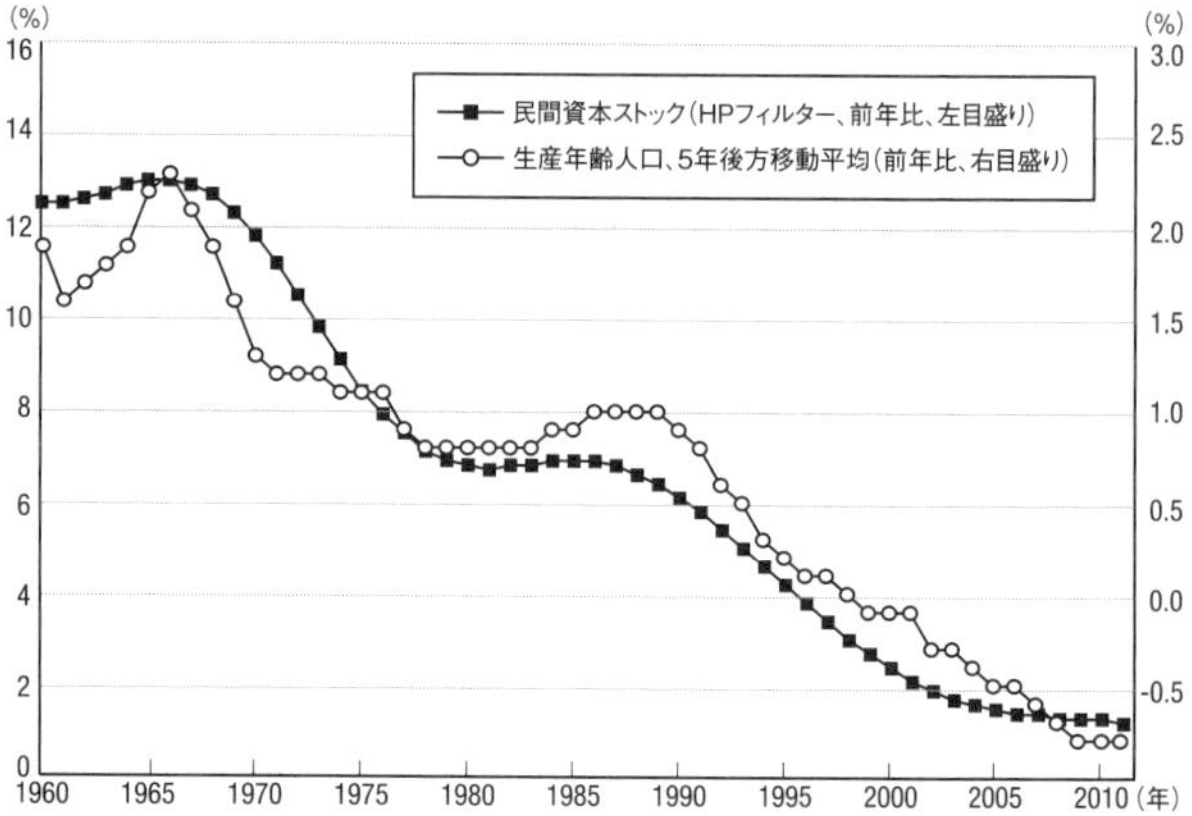

内閣府、総務省資料より、BNPパリバ証券作成

しています。この折れ線を見てみると、低下傾向がつづき、一九九〇年代後半にはゼロを切って、マイナスに転じている。生産年齢人口の増加が止まって、減り始めたことを示していますね。

――ええ、そこは藻谷さんの出発点とも重なる部分です。

河野　もう一本の折れ線は、おおざっぱに言うと、日本企業がもっている工場やオフィス、生産設備といった物的資本の蓄積（資本ストック）が前年比でどれくらい増えたかを示すものです。この動きは設備の増減を反映しています。この物的資本の伸び率は生産年齢人口と軌を一にして鈍化していますよね。これは企業が新しい工場の建設や生産設備の導入を抑制していったと読めばいいわけです。

着目してほしいのは、このふたつの折れ線がほぼ併行して推移していることです。これを見ると、物的資本と労働力人口の間にはなにか強い相関関係があるらしい、と感じませんか。

——ええ、ひと目でそう感じますね。

河野 ところが、これまでおこなわれてきた経済成長の分析では、労働力と資本ストックはバラバラの要素で、お互いの増減に関係なく動くというふうに扱われてきたんです。

しかし、どうみてもそうじゃないだろう、と。私は、労働力と資本ストックのふたつには関連があるにちがいないと考えているのです。

▼労働力が設備投資を決める

——そのふたつの要素の関係というのは、生産年齢人口の減少が個人消費の減少につながり、それを見越した企業が設備投資をしなくなる、というメカニズムとはちがうんですか。

河野　もちろんそれもありますが、私は、労働力人口が設備投資に影響するもうひとつの経路に着目してきました。

つまりこういうことです。労働力人口が増えている局面、つまり人口ボーナス期のことを想像してみてください。労働力人口が増えると、相対的に物的資本は不足します。

簡単な例でいうと、あるオフィスで働く営業職の人が増えたとしましょう。このとき、営業マンひとりあたりの占有できる面積は小さくなる。これが物的資本の不足です。

さらにこのとき、営業マンひとりひとりが稼ぐ売り上げに変化がなかったとしましょう。すると、オフィスという資本から得られる利益は増加します。一単位の資本ストックから得られる利益の指標を資本収益性と言いますが、この資本収益性が高まるわけです。

資本収益性が高まると、収益のさらなる拡大を目指して企業経営者は借金してでも設備投資をしようとします。いまの例なら、オフィスの拡張を考えるわけです。その結果、企業部門では設備投資が盛んにおこなわれるようになるんですね。

――なるほど。逆に、労働力人口が減り始めて人口オーナス期に入ると、相対的に物的資本があまる。たとえば、全体としてみるとオフィスに無駄なスペースができてしまう。

そうすると資本収益性が低下する。だから企業経営者は設備投資を躊躇《ちゅうちょ》する。むしろ資本ストックを削ろうとするわけですね。オフィスの規模を縮小したり、工場をたたんだり。

河野　そのとおりです。

念のために付け加えると、この因果関係が逆で、資本ストックが増加したから労働力人口が増加した、もしくは資本ストックが減少したから労働力人口が減少した、などということは考えられませんよね。

――企業の資本が増えたことによって、突然、二〇代の人間が降って湧《わ》いてくるなんてことはありえませんからね。

河野　そう、話はどう考えても人口動態から始まる。それは個人の需要（個人消費）にも影響しますが、企業の支出（設備投資）にも直接的に影響を与えるというわけです。

――ひとつ確認のためにきいてもいいですか。日本全体の生産年齢人口が増減しても、企業によっては社員数を維持するところもありますよね。生産年齢人口が増加しても新規採用の数を増やさない企業もあれば、あるいは逆に減少しても一定の採用を続ける企業もある。すると、労働力人口の増減が資本ストックの増減に結びつかない、ということもおきませんか。

河野　そこは、先ほどの藻谷さんのお話につながると思います。

要するに、生産年齢人口が増加しているときには個人消費が伸びていくわけです。企業側からみると需要の増加が見込めますから、社員数を増やすという選択は合理的ですよね。反対に、生産年齢人口の減少で個人消費が減っていくときは、社員数を維持するのは不合理だということになります。

おっしゃるとおり、個別の企業をみれば、その企業の体力とか、技術開発による生産性の向上で、雇用を増減させなくても生産年齢人口の変動にある程度対応できる場合もあるでしょうが、全体の傾向としては資本ストックの増減は労働力人口の増減に左右されると考えていいと思います。

▼成長をうみだす三要素

――　いまのお話で人口動態が設備投資に与える影響が明確になりました。ただ、この点について先ほど「いままでの経済成長の議論では資本ストックと労働力はお互いの増減に

図2　付加価値ベースの成長会計の要因分析（年率）

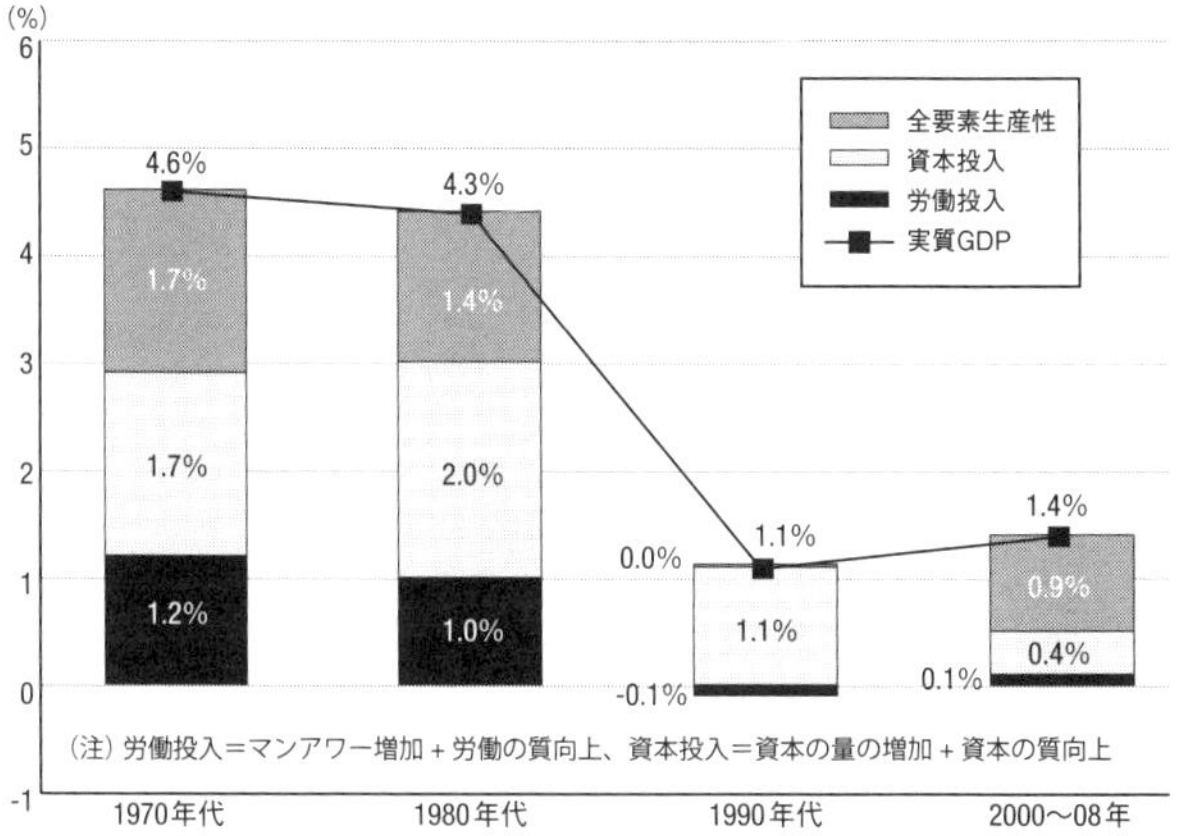

RIETI資料より、BNPパリバ証券作成

関係なく動くと考えられてきた」とおっしゃっていましたね。これはどういうことなんでしょうか。

河野　それを説明することは、最終的に、設備投資が日本経済の実力とどう結びつくかにも関係していくので、順を追ってお話ししますね。

まず、そもそも経済成長というのはどうやっておこるのかを考えてみたいと思います。図2を見てください。経済成長をうみだす要素は、このように「労働」「資本」「生産性」の三つです。このグラフを見ると、一九八〇年代までの四％台の成長率には、労働力の増加が約一％ポイント、設備投資による資本ストックの増加が約二％ポイント、イノベーションによる生産性の向上が一・五％ポイント程度寄与していることがわかりますね。

このうち労働力の減少はあらかじめわかっていたことでした。生産年齢人口が一九九〇年代半ばに減少に転じることは、一九八〇年代初頭までの出生数を見れば明々白々でしたから。

――一五歳以上の人口がどうなるかは、少なくとも一五年前にはわかることですからね。つまり九〇年代後半に人口ボーナス期が終わって人口オーナス期に入るということは、一五年前の一九八〇年代初頭にはわかっていた。それによって、成長率の要素のうち一％の部分が消滅することも自明だったということですね。

河野　ところが、それに対する危機意識は、いまから思えば歯がゆいくらい薄かったんですよ。これは率直に反省しなくちゃいけないんですが、実際に日本が人口オーナス期に入った一九九〇年代後半になっても、私を含めて多くのエコノミストは「労働力の一％はなくなったけど、まだ二％の資本ストックと一・五％のイノベーションが経済を牽引《けんいん》するから大丈夫だ」と考えていたんです。

これはつまり、設備投資が労働力人口に関係なく、ある程度キープされるだろうと考えていたことになりますよね。

この思い込みにも根拠がなかったわけじゃなくて、労働力人口減少の悪影響を避けるために省力化投資がおこなわれるだろうと。つまり、少ない労働力で同じだけの生産量を維持できるように設備投資するだろうと予測していた。それによって生産性を向上させるイノベーションも進む。あるいは、労働力人口の減少を相殺すべくイノベーションが生じ、資本収益率が高まるから設備投資が増える。だからそれほど大きな成長率の落ち込みはないだろうと思い込んでいたんですね。

―― むしろ設備投資は人口動態の悪影響を相殺してくれると考えられていて、だからこそ労働力人口の減少を深刻にはとらえていなかったんですね。

▼人口動態が日本経済の実力を決めている

―― ところが、現実はそうじゃなかった。図2を見ると、一九九〇年代、二〇〇〇年代と労働力人口の増加が止まったあとは、設備投資による部分もどんどん下がってしまっている。二〇〇〇年代はイノベーションの部分が少し持ち直していますけど。

河野　はい。要するにそれは、設備投資も労働力人口にともなって減少してしまったからなんですね。

おっしゃるように、二〇〇〇年代にもイノベーションはありました。そもそもイノベーションがおきる可能性っていつでもあるのですよ。だけど、逆にいえばいつおきるかはわからないってことなんです。まあ、よしんば一九七〇年代、一九八〇年代のように一・五％程度の水準でイノベーションがおきたとしても、労働力人口と設備投資の減少分を補えるほどではありませんが。

結局、このことがなにをあらわしているかといえば、労働力人口の減少は、必然的に成長率の低下をもたらす、ということです。要するに、少子高齢化が進んだ結果として、日本の潜在成長率は低下して、低成長時代に突入したことが示唆されているわけです。

――　その潜在成長率というのが、最初におっしゃっていた「日本経済の実力」になるんですね。それが低下しはじめていることがわかってきたと。

河野　潜在成長率は、もう少し正確にいえば「日本にあるすべての労働力、資本、技術力などが投入されたときのＧＤＰの成長率」です。ただ、労働力の減少や資本ストックの減少が問題というと、それは供給力不足の問題だろう、デフレではなくインフレになるだけじゃないかと勘違いされてしまいがちですが。

――いやいや、おっしゃる意味はわかりますよ。ここまでの話を整理するとこういうことですよね。

まず、なにはともあれ生産年齢人口の減少という現象がある。すると、個人消費が減少するので、企業が設備投資を控える。と同時に、もうひとつ別のメカニズムも働く。生産年齢人口の減少にともない労働力人口が減ると、企業のもっている工場やオフィスといった資本に余剰ができる。その結果、企業の設備投資という需要が減少すると。

河野　資本収益性が低下するから、企業の需要である設備投資が減り、経済全体の需要が落ち込んで、供給過剰からデフレになる。それがいまの日本でダラダラつづいているデフレの原因なんですよ。

――やはり生産年齢人口の減少による需要の減少が問題なんですね。それを供給側の減少として読みちがえてしまうと、インフレがおこるはずだとか、設備投資が増加するはず

図3　生産年齢人口の総人口に占める割合

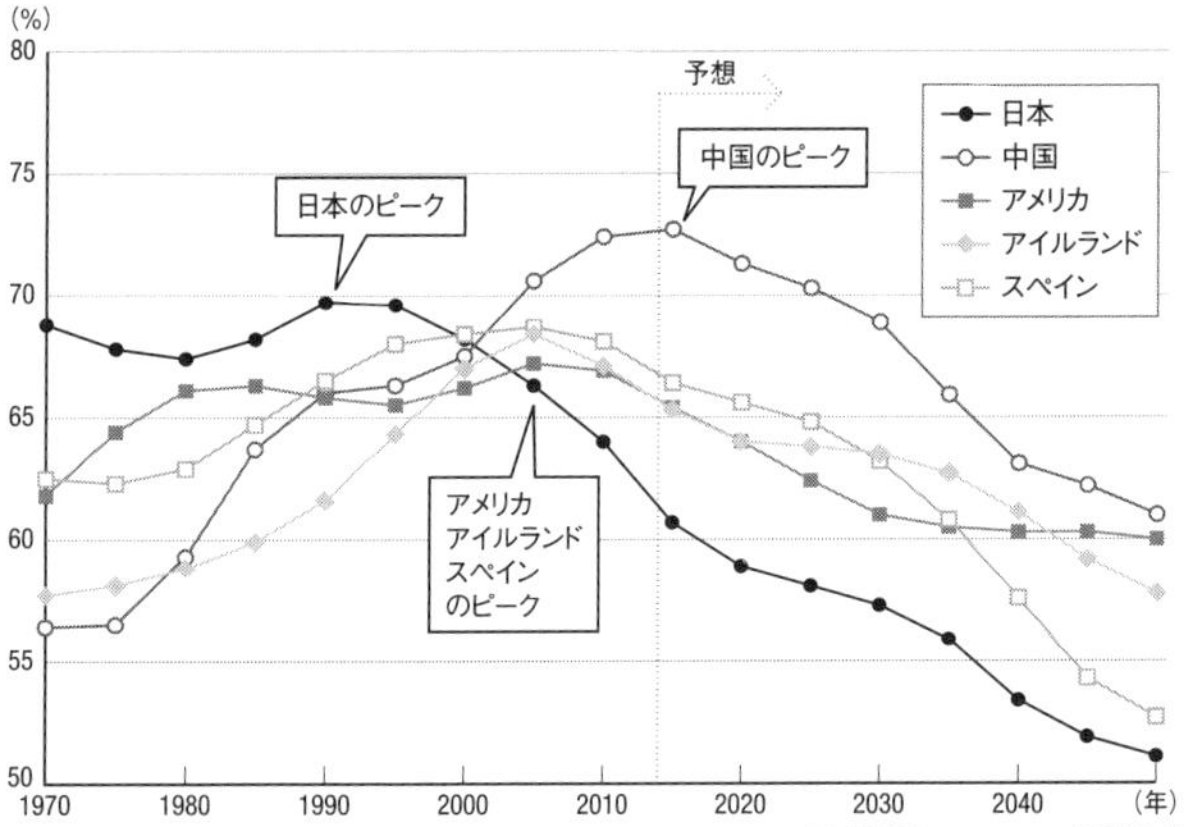

国連資料より、BNPパリバ証券作成

だといったまちがった見込みがうまれてしまう。

▼人口ボーナス期の最後におこる不動産バブル

河野　そうなんです。ところが、これは言い訳ではありませんが、じつはエコノミストや政策当局者が本当の問題に気がつきにくくなる現象があるんですよ。それは、人口ボーナスがピークに達したときに不動産バブルがおこるという現象です。

図3を見てください。日本の総人口に占める生産年齢人口の割合が増加から減少に転じたのは、一九九〇年代初頭でした。このとき、なにがおこったかというと、不動産バブルで

すね。

海外も見てみましょう。アメリカやアイルランド、スペインの生産年齢人口のピークは二〇〇五年前後に来ています。このときなにがおこったか。アメリカでは二〇〇七年にサブプライムローン問題が表面化し、二〇〇八年にリーマン・ショックへと発展しました。アイルランドもスペインも、二〇〇七年まで不動産バブルがおきており、その後のバブル崩壊が現在にいたるソブリン問題（国債の信用不安）へと尾を引いています。

つまり、日本にかぎらず、どうやら生産年齢人口がピークになる時期には不動産バブルとその崩壊がつきものらしいということがみえてくるわけです。

——要するに、各国でおきた不動産バブルの時期も人口動態で決まってくるということですか。なぜそんなことがおこるんでしょうか。

河野　先ほど説明したように、人口ボーナス期には、企業経営者は資本ストックを増やそうと設備投資をおこないますよね。企業は借り入れをしてでも設備投資をおこなってしまう。それでこの時期には、投資をすればそれだけ利益がでる、というムードが支配的になっていきます。大投資ブームがおこっているわけです。

ところが、人口ボーナスが終わりに近づくころになると、投資といっても、本当に収益性の高い投資プロジェクトは、ほとんどやり尽くされてしまっているんですね。

それなのにブームはつづいていて、目の前の不動産価格がどんどん上昇している。これはまだまだ上がるぞ、というふうに見えてしまう。それで、いつの間にか不動産価格が上昇をつづけないと採算のとれないような投資プロジェクトばかりがおこなわれるようになってしまうんです。

そういうときは、不動産、つまりオフィスや工場の用地にも必要以上の資金が集まってしまうので、本来の相場からかけ離れた価格につり上がっていくんです。これが不動産バブルの発生ですよね。でも、結局、不動産価格が上昇していたのも、人口ボーナスが少なからず影響していたわけです。

——だからこそ、人口ボーナス期から人口オーナス期に入った瞬間、設備投資の抑制がはじまって、価格をつり上げていた投資ブームが冷めてしまう。それで一気に、バブル崩壊というわけですね。

▼バランスシート問題が低成長の原因を覆い隠す

河野　そうやってバブルが崩壊して、企業は大量の過剰債務や過剰ストックを抱え、銀行の不良債権は膨らみました。いわゆるバランスシート問題です。

もちろん、このバランスシート問題も、経済成長を低下させる原因になります。過剰債務を抱えた状態で、企業は設備投資を増やせませんからね。だから、バブル崩壊直後のショックのなかでは誰もが「いまはバブルが崩壊して成長率が低下したけど、これはバランスシート問題のせいで、やがて立ち直る」と考えた。

問題がこれだけではなかったことは、二〇〇〇年代初頭にバランスシート問題が解消しはじめても成長率が一向に回復しないことから、ようやく明らかになったんです。

――そこにきてはじめて、人口動態が真の原因だということに気がつく人たちが現れたということですね。

河野　恥ずかしながら私自身もその段階になって、どうもバランスシート問題だけが原因ではないよな、と思いはじめたひとりです。

このバブルとその崩壊という現象は、本当にエコノミストや政策当局者の目をくらましてしまうほど強烈なんですね。それは、不動産バブル崩壊後のスペインやアイルランド、さらにギリシャなどの政策当局者が、日本の先例があるにもかかわらず、こう言っていることからもわかります。「ソブリン問題への対応が思ったほどうまくいかないのは、景気の悪化がつづいているせいだ」と。

彼らもまた、自分たちの国が人口動態によって構造的な低成長時代に入ったことを認識できていないのです。

▼極端な金融緩和には副作用がある

―― ところで、この不動産バブルの崩壊は金融ショックを引き起こしますよね。冒頭でもお話があったように、河野さんはそうした金融危機の際に大胆な金融緩和をおこなうことには一定の効果があると評価していらっしゃる。

でも、現状の日本で追加的な金融緩和をおこなうことには反対だと言っています。金融危機のときと、構造的な低成長になったいまとでは、なにがちがうのでしょうか。

河野　ゼロ金利政策や量的緩和といった極端な金融政策は、危機時の緊急対応策としては有効なんですね。

金融システムに対する不安感が高まると、金融機関の行動が極端に萎縮《いしゅく》して信用収縮がおこり、実体経済にも悪影響を及ぼします。これを防ぐためには、中央銀行が大量の流動性を供給し、金融システムの動揺を抑えることが重要です。

ところが、現在の日本の低成長は、危機が原因ではないわけです。それなのに、日本はバランスシート問題からつづく延長戦のように、極端な金融政策を長期化・固定化させてしまった。それによって、中央銀行は実体経済に影響を与えることもできなくなったうえに、さまざまな弊害、副作用がすでにおきているんです。

だから、これ以上の金融緩和は必要ない。必要ないどころか、やっても悪影響ばかりだろうと思うんですね。

▼ゼロ金利政策で影響力をなくした日銀

――実際、どんな問題がおきているんでしょうか。

河野　まずは、日銀の影響力がなくなった、という点を見てみましょうか。

日本では一九九五年から、実質的なゼロ金利政策がおこなわれてきました。ゼロ金利にすることで、家計部門が受け取る利子は大幅に減少しましたが、資金の借り手である企業部門の支払い利子は大きく減少し、企業部門の負債圧縮が後押しされました。バランスシート問題は二〇〇〇年代初頭にかけて次第に解決していきましたから、その意味では有効だったのです。

しかし一方で、日銀はゼロ金利政策をはじめたことで、「プッシュ・オン・ア・ストリング」状態になった。つまり、ほとんどゼロに近いような金利を日銀が多少下げようが、それは実体経済を「ひもで押す」ようなもので、極めて小さい影響しか与えられなくなってしまったんです。

――企業にしてみればタダ同然の金利で資金を融資してもらえるようになったわけですから、それ以上の経済活動の活発化も望めませんしね。

河野　日銀は危機への緊急対応のために、みずからの影響力を犠牲にしたんですね。

ところがこの時期、すでに人口動態の影響による低成長とデフレがはじまっていた。だからバランスシート問題は解消していくのに、成長率は一向に高まらない。すると、世間では「日銀が十分な金融緩和をおこなわないから、いつまでも景気が上向かない、デフレ脱却もできないのだ」という論調が支配的になってしまった。

▼量的緩和へ

河野　そして、日銀は二〇〇〇年八月、景気の回復がはじまったといって、いったんゼロ金利政策を解除したんですね。危機対応としてはじめた政策であり、危機がいったん収束したという判断だったのなら、正しい選択だったのかもしれません。

ところが間の悪いことに、その直後にＩＴバブルが崩壊して景気が低迷し、おまけに、バランスシート問題も最終的な解決には到っていなかった。結局、「やっぱり日銀が金融緩和をやめたのは失敗だった」という話になってしまった。

このときの利上げは明らかに失敗だったので、日銀はゼロ金利政策に戻しましたが、それだけでは努力不足だと責められました。金利はもう下げられないので、もう一段、踏み込んだ手立てとしてとられたのが、二〇〇一年三月から二〇〇六年三月までつづいた量的緩和です。金融市場調節の操作目標が、従来の金利から日銀当座預金残高に変更され、潤沢な資金供給の継続や長期国債の買い入れ増額などが実施されました。

――それが現在までつづく極端な金融政策の原型になったんですね。

▼金融緩和が成長分野への投資を抑制する

――日銀の金利政策が影響力を失ったことはわかりました。さらに、金融緩和が経済に悪影響を及ぼしているということですが、その副作用とはどのようなものなのでしょうか。

河野　ひとつは、クラウディング・アウトの助長という問題があると思います。

クラウディング・アウトとは、本来、財政支出の拡大が引き起こす金利上昇による弊害のことをいいます。国が財政政策によって借金を増大させると、金利が上昇し、そのせいで民間が迷惑をこうむる。つまり資本コストが上がるので、民間の消費や設備投資が抑制される。それがクラウディング・アウトです。

いま、日銀はゼロ金利政策をおこなうと同時に、資産買入等の基金を通じて国債を大量に購入していますよね。

ゼロ金利政策や国債買い入れ政策を長期化・固定化することが、資源配分をゆがめて成長分野への資金供給を抑制し、実質的にクラウディング・アウトと同じような状況を発生させてしまうんです。

——それはどういうことですか。

河野 まず、金融機関にとってゼロ金利政策というのは、金利ゼロで金融市場から資金調達ができるということです。普通に考えれば、資本コストが低いのだから、リスクを取ってこの資金を成長分野に貸し出していこう、ということになるわけです。

ところが、日銀が国債の金利を低く抑えようとしている。国債の価格は、金利が下がると上昇しますから、日銀は国債を買い入れて値段を高い水準で維持しているわけですね。そうすると、金融機関にしてみれば、成長企業を掘り起こすようなリスクを取っていくより、日銀が価格を維持してくれている国債を買ったほうが有利だ、ということになってしまいませんか。

——たしかに日銀が国債を買い支えてくれるなら誰でも国債を選ぶでしょうね。結果として民間の企業には融資がおこなわれない。クラウディング・アウトと同じですね。

河野　ええ。積極的な財政・金融政策をやればいいと言っている人たちのなかには、「金利が上がっていないのだから、クラウディング・アウトはおこっていない、副作用などおきていない」という主張もあります。

しかし、金融機関は積極的に成長分野を掘り起こすことをせずに、お金をどんどん国債という収益性の低いところにもっていっている。資本コストが上がったわけではありませんが、国債に資金が振り向けられて結果的に民間にはお金がまわっていかないのです。金融機関の本来の役割は、成長分野を発掘し、リスクを取って貸し出しを増やすこと。この機能がゼロ金利政策や国債購入政策の長期化・固定化によって損われているのです。

▼過剰な財政出動を金融緩和が助長する

河野　もうひとつの問題は、公的債務の膨張を助長するという点です。これがいちばん大きな問題です。建設国債を発行して道路建設をおこなう場合のように、財政政策が国の債務を膨張させるというイメージはすでに一般的でしょう。

一方で、金融政策は財政政策とちがってコストがないようにみえるんです。しかし、私はゼロ金利政策を長期化・固定化させてしまったことが、過剰な財政支出を促し、それによってコストが発生していると考えています。

――大事なポイントだと思いますので、順を追っておききします。まず「金融政策にはコストがないようにみえる」とはどういうことでしょうか。

河野　これはマクロ経済学でよくいわれることなんです。多くの場合、マクロ経済学のモデルを解くときには、「長期的には金融政策は実体経済に影響を与えない」という前提で考えます。これは「貨幣数量説」という立場をとっているからです。

貨幣数量説とは、長期的にはある国の物価水準はその国内で流通している貨幣の量によって規定される、という考え方です。

――単純化していえば、中央銀行が流通させる貨幣の量を二倍にしたとすると、商品に対してお金の量が二倍になるわけだから、やがて物価水準も二倍になるということですね。

河野　そうです。長期的には物価は貨幣の量に応じて変化するため、金融政策は生産活動や雇用の増減など実体経済には影響を与えない。新しい価値もうみださないし、価値の減失もおこさない。メリットもなければデメリットもない。つまりコストがかからないことになる。これが「貨幣数量説」です。

――しかし、そこで実際にはコストが発生しているのではないかと河野さんは考えているわけですね。それが過剰な財政政策をおこなわせると。これはどういうことなんでしょうか。

河野　金融政策が新たな付加価値をうみださないということを強調するのはよいことなのですが、極端な金融政策をおこなってもコストが発生しないと考えることには、大きな問題があります。

ふつうの国で、現在の日本のような財政赤字や政府債務があれば国債の金利が上昇します。政治家がしきりに財政出動を主張しても、市場が金利上昇という危険信号を発して、むやみに財政を膨張させることへの歯止めになるわけです。

ところが、日本はゼロ金利政策によって金利を抑え込んでしまっているので、その機能が働きません。これ以上の国債発行は難しいよ、というシグナルがでないのです。

――財政支出と金融緩和の関係というと、一般には中央銀行による財政ファイナンス

（赤字の補填）が財政規律を乱すと指摘されてきましたね。具体的には、日銀による国債の直接引き受けです。これをすると財政規律がはたらかず、危ないと言われる。

しかし、直接国債を引き受けるのではなく、市中の金融機関から国債を買うのだとしても、ゼロ金利政策によって政府は財政赤字への危機感をもたずに国債を発行しつづけられるということですか。

河野　そうなんですね。そして、これはもはや経済学というよりも政治経済学の領域になってくると思いますが、いったんこのような状況がはじまると、政治家は必要な構造改革をおこなわずに、財政・金融政策ばかりに頼ってしまうのです。

――その場合の構造改革には、たとえば社会保障制度の改革も、産業構造の改革も含まれますか。

河野　含まれます。無からは有をうみだせない、つまり、財政政策や金融政策は魔法の杖《つえ》ではないのだから、新たな所得や付加価値をうみだしているわけではないのです。

たとえば、新たに所得をうみだすには、同じ経済資源をつかって、より高い付加価値をうみだすことのできる生産者がより活躍できる自由な経済環境をつくらなければなりません。

後で詳しくお話ししますが、これは既得権者のもつ利益を吐き出させるということであり、それこそ規制緩和にほかなりません。あるいは、現在の社会保障制度は借金によって賄われているので、財源をきちんと確保しなければ制度の存続が難しくなります。

いずれにしても、短期的には痛みのともなう改革です。政治家はそれを言いたがらない。ですから、結局、構造改革は先送りでいいから、財政・金融政策をもっとやって目先の成長率を押し上げなければならない、というロジックがでてくるのです。

―― ゼロ金利政策や量的緩和があれば、財政支出によって公的債務が膨張しても国債の金利は上がらない。だから政治家は安易な財政出動を重ねる。その結果、国の借金はとめどなく膨らんでいく。そういうかたちで間接的に金融政策がコストを生じさせているということですね。

▼金融緩和のもたらした通貨安が製造業をダメにした

河野　さらにもうひとつ、極端な金融緩和の長期化が弊害をおこしたいい例があります。

金融緩和には、円安誘導で輸出を増やし、海外の需要を取り込もうという意図もありますよね。

——単純に考えれば、日本の企業が海外市場において他国の企業と競争するときに、通貨は安ければ安いほど有利です。そうじゃないんですか。

河野　もちろん、そういう効果はあります。

しかし、日本の電機メーカーがいま苦境におちいっている原因を分析してみると、それは極端な金融政策が導いた過度の円安によって設備投資の判断を企業が誤ってしまったからだ、という仮説が浮かび上がってくるんですね。

そもそも、日本の製造業は新興国の追い上げを受けていて、一方で国内の労働力人口は減っているわけだから、シンプルに考えれば日本の割高な賃金では採算のとれないような製品は海外に生産拠点を移さないといけないわけですね。

経営学の言葉で、「スマイルカーブ」というのがあります。商品の企画、製造、販売という流れ、つまりバリューチェーンを考えたとき、それぞれの段階での収益性をあらわしたものです。その流れの真ん中にある工場の部分、生産工程の部分というのは収益性がもっとも低い。一方、収益性が高いのは、はじめの企画立案であるとか開発、あるいは商品を売ったあとのアフターサービスです。だから収益性のグラフを描くと両端の上がったスマイルカーブになるんですね。

日本の電機メーカーは、このカーブの真ん中にあたる収益性の低い生産工程の増強を、もはや国内でやってはいけなかった。しかしやってしまったんです。それはなぜか。その原因は二〇〇〇年代半ばまでの超金融緩和の長期化・固定化がもたらした円安です。

▼小泉政権下の円安誘導が家電メーカーショックの遠因

―― それってこういうことでしょうか。経済の実態以上に円安が進み、国内の生産拠点の競争力が上がってしまった。それで経営判断を誤って、収益率が低くて本来は海外に移転しなければならない生産設備を、国内にたくさんつくってしまったと。

河野　まさにそのとおりです。図4を見てください。これは実質実効為替レートといいます。

少し詳しく説明すると、複数の通貨との関係から円の実力を計算したのが実効レートで

図4　実質実効為替レート（1986年1月を100として）

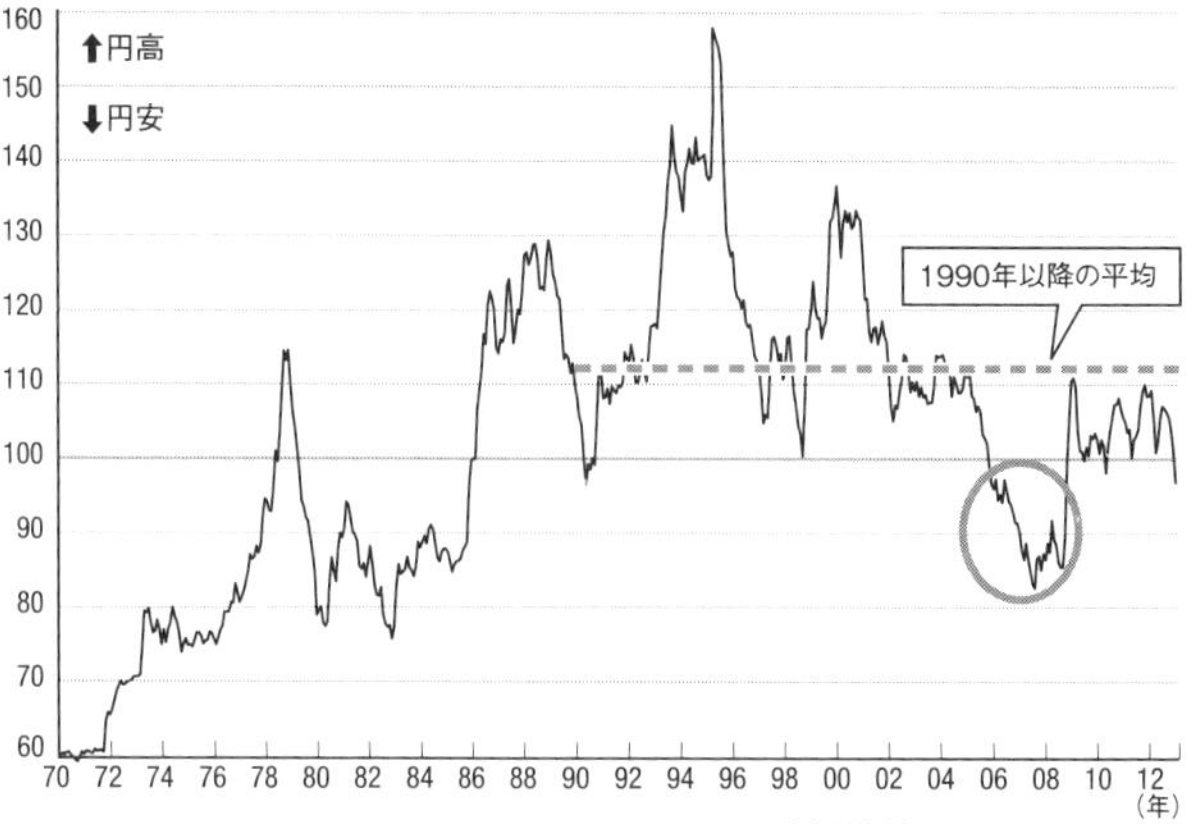

日本銀行資料より、BNPパリバ証券作成

す。さらに物価の変動を加味して調整したのが実質実効レート。これは日銀などが発表している数字ですが、ここではともかく、円の本当の実力をあらわしたものと思ってください。

グラフの縦軸は、普通の為替レートとちがって、数字が大きいと円高で、数字が小さいと円安です。破線の水準が一九九〇年以降の平均値です。最近の傾向をみると、ずっとこの破線の下ですよね。円安ともいえるし、少なくとも極端な円高が生じているとはいえない。

それにもかかわらず、二〇〇九年から二〇一二年までの四年間、日本の政府や経済界は極端な円高が問題だと騒ぎ立て、日銀に金融緩和を強いてきましたよね。

しかし、このグラフを見ると円高ではない。なぜこの水準で大騒ぎになるのか。円高のせいで製造業が不振だ、雇用があぶないといわれることには、やや違和感があります。

―― そうですね。平均より円安なわけですから。欧米に比べれば、日本の失業率はまだまだ低い。社会不安の要素はそれほどないはずですよね。ところが、日本ではマスメディアでも一般国民レベルでも、「円高で不況」と大騒ぎです。

河野 そうなんです。しかし、その原因もじつはこのグラフから読み取ることができるんです。二〇〇五年から二〇〇七年の水準を見てください。過去に実質実効レートでこの円安水準だったのは、じつは一九八五年あたりまでさかのぼらなくてはならないんですよ。

―― それはつまりプラザ合意のころということですね。当時は、一ドル＝二四〇円ぐらいで、昨今よりもはるかにドルが強く円が弱かった。

河野 ところが、実質実効為替レートでみればそれに匹敵する超円安状況が二〇〇五年から二〇〇七年に訪れていたんです。つまり、そのころは、日本の実力からはかけ離れた円安水準になっていたのです。

――その円安水準のうまみが忘れられないから「円安じゃないと日本企業は生き残れない」という騒ぎがおこるんですね。

河野　そうなんですよ。当時の円安は、本来、持続可能ではない円安だったのです。

そんな水準の円安がなぜ他国から容認されたのかというと、ちょうどこの時期は、リーマン・ショック前の世界的なバブル期でした。とくに資産バブルに沸いていた欧米各国では消費が旺盛《おうせい》で、日本からの輸入を積極的に受け入れた。だから、あの極端な円安が容認されたのです。

――つまり日本経済は輸出バブルに踊っていたわけですね。

河野　しかも超円安のせいで、かならずしも高い付加価値につながらないような製品の組み立てまで日本国内でおこなっても、まだまだ有利だと勘違いしてしまった。

そして、これはバブルの常ですが、この状況が永続すると思い込んだ。その過程で日本企業は、国内の高い賃金水準のもとでは本来採算のあわない生産工程にまで設備投資をしてしまったんですね。

――その後遺症が、たとえばいまの電機セクターの過剰ストックだということですか。

河野　多くの電機セクターがそうです。極端な金融政策で極端な通貨安に誘導してもメリットばかりではない。つまり、本来の為替レートに戻ったときに企業は対応できない。円安の効果は否定しませんが、行き過ぎがおこると副作用があるということです。

▼日本のデフレを増幅させた新興国通貨の問題

河野　為替レートに関しては、金融緩和による円安誘導を求めるのではなくて、日本が本当に外交力で解決すべき問題が他にあるんですよ。それは、新興国の通貨の、ドルとの連動という問題です。

たとえば円高ドル安になったとき、日本が困るのはアメリカの企業に競争力で負けるからではありませんよね。ドルとリンクして下落する新興国の通貨、つまり中国の人民元、台湾ドル、韓国のウォンが安くなることが問題なのです。

国際金融システムのなかでは、主要先進国の通貨はフロートしている。つまり、円とドル、ドルとユーロは、相場が変動しています。ところが、多くの新興国の通貨はドルに対して固定している。たとえ変動相場制であっても、自国の通貨が高くならないよう介入によってドルに対する増価を避ける国が多いのです。

日本よりはるかに成長率の高い新興国の通貨は、本来、円に対してもっと上昇しないといけません。為替相場って、国の経済的な体力を反映しているわけですからね。それがドルとリンクしていることによって、アメリカが金融緩和するとドルと一緒に新興国通貨も下がってしまう。このせいでいちばん傷ついたのが、じつは日本経済なんですよ。

――韓国とか台湾、中国のように、輸出関連の製造業が経済を牽引するような国の通貨が実力以上に安くなってしまった。それで日本企業は必要以上に不利な状況で価格競争をしなくちゃいけなくなったということですか。

河野　はい。それで泥沼の価格競争におちいり、製品価格をやたらと押し下げてしまった。これは、この一五年間のデフレの原因のひとつだと思います。

ひとつ、誤解のないように言っておくと、新興国通貨が安すぎるなら、やっぱり円高だろう、さっき円高になっていないと言ったじゃないか、と思われるかもしれません。しかし、さっきの話は貿易相手国の通貨全体に対する為替レートの問題です。円と人民元、円と韓国ウォンというような二国間のレートでは、円高になっているものもあるんですよ。

まあ、昔は新興国の経済規模が小さかったので、大きな問題ではなかったんですが、新興国はちょうど一九九〇年代半ばから成長ペースが加速し、経済規模が大きくなった。にもかかわらず、円高ドル安とともに、新興国の通貨も下がってしまった。それで産業構造が同じ日本のダメージが大きくなったということでしょうね。

――ひじょうに不利な状況で新興国の安い商品に勝たなければならない。商品価格を下げざるをえない。そのためにはコストカットという名目で、国内でリストラをしなければならない。するとますます消費も落ち込んでいく。悪循環ですね。

河野　為替レートの問題を解消することでデフレを脱却しよう、という言説自体は正しいんですよ。ただし、やるべきことは金融緩和による円安誘導ではないのです。ドルと固定的にリンクしている新興国の通貨が実力以上に安くなるという問題にとりくむべきなのです。国際金融システムのあるべき姿を打ち出し、外交力で新興国を説得しなければなりません。

▼金融緩和が世界中でバブルを引き起こす

河野　もうひとつ、日本が国際金融の場で議論すべきなのは、経済大国は他国に悪影響を与えるような極端な金融緩和をやってはいけない、という合意形成をすることなんですね。具体的には、基軸通貨国であるドルの金融政策を担っているFRB（連邦準備制度理事会）や、準基軸通貨であるユーロの金融政策を担うECB（ヨーロッパ中央銀行）や日銀などが合意する必要があります。そうしないと、世界的に金融的不均衡が募るばかりなんですよ。

――その金融的不均衡というのは、具体的にはどういうことですか。

河野　たとえば米国でサブプライムローンの問題が表面化したころから、主要各国が大胆な金融緩和をはじめましたよね。それが固定的な為替レート制を通じて新興国に波及し、新興国ではバブル的な状況がうまれました。また、主要国の金融緩和は、原油や小麦、大豆などのコモディティのバブルを引き起こしたんですよ。

もちろん、あれほどの危機でしたから、流動性の大量供給は必要でした。そのおかげで世界経済がひと息つけたのも事実です。しかし、危機を脱した後も極端な金融緩和をつづけている。

新興国経済やコモディティの価格水準に対して行き過ぎた変動をもたらしたという意味

で、長い目でみればけっしてよいことではない。だからこそ、大国は極端な金融緩和をしないというルールづくりが必要になってくるのです。

いずれにしても日本がいま考えるべきことは、為替介入や金融緩和による単純な円高是正ではありません。それを目指しても効果的とはいえないし、本質的な問題を解消できませんからね。

▼一九世紀に予見されていたゼロ金利の弊害

――なるほど。極端な金融政策は世界経済にとっても副作用が大きいということですね。にもかかわらず、金融危機のときにとられた金融緩和がそのまま長期化・固定化されることで問題を大きくしてしまった。

河野　そうです。そこではそもそも政策の機能が勘違いされている。

金融危機時の大量の流動性供給というのは、本来、金利を下げることで設備投資を刺激するというような発想で考えられた政策ではありません。繰り返しますが、危機時に無制限の流動性を供給し、金融システムを安定化させる、というのがもともとの考えなんです。

いまは、危機時の流動性供給政策と、金利政策による景気刺激政策が混同されている。

ところで、それらはまったく別ものだということを、はじめてはっきりと認識した人は誰かというと、一九世紀半ばに『ロンバード街──金融市場の解説』という本を書いたウォルター・バジョットという人なんですね。

バジョットがすごいのは、イギリスの中央銀行であるバンク・オブ・イングランドが、みずからを中央銀行であると認識をする前の段階で、「バンク・オブ・イングランドは最後の貸し手たらなければならない」といっていることなんです。

昔は金融市場に流動性を供給する機関がなかったので、金融危機がすぐにおこりました。彼は、危機対策として最後の貸し手が必要だということをいっているんですね。「危機がおこったら無制限でお金を貸しなさい」と。つまり無制限の流動性の供給ですね。

ところが、そのとき同時にもうひとつひじょうに重要なこともいっているんですよ。「担保をとって十分な金利を取りなさい」と。

──流動性の供給に際して金利を取るということですか。それは日本ではおこなわれていないことですよね。

河野　そうなんです。世界中のどの中央銀行もおこなっていません。バジョットがなぜそれが必要だといっているかというと、危機がおこったときに金利ゼロで資金を貸してしまうと、本当は資金を必要としない人も資金を取ってしまう。じつはこれが次なるバブルと危機を引き起こす、ということです。

つまり、先ほどまでお話ししていたように、先進国の極端な金融緩和が新興国バブルとか、コモディティバブルを引き起こすというような事態を喝破していたわけですね。

私たちはいまやウォルター・バジョットがいったことを身をもって学んでいる。危機がおこったから中央銀行はたしかに流動性を大量に供給したけれども、彼がいったもうひとつのこと、つまり十分な金利を取るということ、それを取らず、金利ゼロで金を貸している。それが、次なる不均衡の種をまいているということです。

▼縮小社会での民主主義の難しさ

——ここまでのお話で、大きくふたつのことがわかりました。

ひとつは、現在のデフレと低成長は、人口動態という基底的な現象によって発生しているということ。もうひとつは、その状況を認識しないで極端な金融政策をつづけることは百害あって一利なし、ということです。

ところが政治の世界では、人口動態に応じた本質的な構造改革は議論されないで、相変わらず「もっと財政政策を、もっと金融緩和を」といっている。河野さんは、なぜその発想を転換できないと思いますか。

河野　私は、これは民主主義国家の宿命的な問題なのではないかと思うのです。

でも、これについては私よりも萱野先生のご専門だと思いますが。そもそも代議制民主主義というのは、産業革命がおこって、どんどん社会が豊かになっていくときに発達した、利益分配のためのシステムですよね。

――そうですね。政治の役割というのは、これまでずっと成長の果実である税収をいかに分けるか、どのように利益を分配するかを議論することにありました。だから議会には、いろいろなところから自分たちに利益をよこせといって代表が送り込まれてきたわけです。

河野　ところが、生産年齢人口の減少が始まって税収が伸び悩むようになると、給付の削減や負担の分担をしなければならなくなります。これは代議制民主主義がもっとも苦手とする部分でしょう。いまの日本の財政制度や社会保障制度、たとえば年金制度もそうですが、これは人口増加を前提として成り立つようにつくられていますよね。

――はい。それがつくられたのは、経済成長率が一〇％近くもあった高度成長期の終わりごろ、一九七二年、七三年あたりですね。田中角栄に代表されるような時代です。

たしかにそのころの日本では高度成長で膨らんだパイをどう分配するかが財政政策の主要な関心事でした。団塊の世代が二〇代半ばで団塊ジュニアも生まれている。だから人口ボーナスもまだまだ続くだろうと思われていた。じつはそのときすでに合計特殊出生率は二くらいしかなかったので、それも幻想だったわけですが。

河野　それでもどうにか一九九〇年代初頭までは生産年齢人口は増えていったけれども、いつまでも一〇％近い高度成長を前提にしたシステムのままではうまくいくはずがない。生産年齢人口の減少に対応した社会保障制度をつくれ、というのは、ごく当たり前のことでしょう。

しかし、その常識は永田町では通用しないようですね。

――生産年齢人口が減少し、高齢者が増えれば、働いて税を支払う人の割合が減りますから、国民全体の担税力は必然的に低下します。これはいまの人口動態では避けられないことです。しかし、その現実を前提にしてしまうと、増税を求めるなり、社会保障給付の削減を決めるなりしないといけなくなる。それはつまり、有権者に負担をお願いすることになってしまう。

政策論的には、給付削減をしないかぎり増税したって追いつかないのですが、給付削減はおもに高齢者が対象で、彼らは選挙の票田だから、政治家は決してそんなことは言えない。だからどうしても人口オーナスによるパイ縮小の時代に入ったということ自体を認めない姿勢になるんですね。

河野　それで、いつまでも「日本経済の実力は低下していない。景気が回復しないのは財政・金融政策が足りないからだ、日銀のせいだ」という話になってしまうわけですね。

――まさに負担の分配が苦手な民主主義の宿命ですね。

▼政府に成長率を高める能力はない

河野　私は、低成長を認めようが認めまいが、ぜひ政治家にも理解しておいてほしいことがあるのです。そもそも政府には恒常的・継続的に成長率を高める能力は残念ながらほとんどないということです。

――それは、原理的に政府にはそういう能力がない、ということですか。あるいは日本政府にかぎってない、とか、いまの政府にはない、ということでしょうか。

河野 日本政府にかぎらず、多くの政府にはないでしょうね。政府が経済政策としておこなう財政政策や金融政策は、いまの日本ではなにか本質的に経済を動かしていけるものであるかのようにあつかわれていますよね。

しかし、こうした財政・金融政策はそれ自体で新しい付加価値をうみだすものではありません。財政・金融政策の本質とは、「財政政策は所得の前借りであり、金融政策は需要の前倒しである」ということなんです。

――前借り、ですか。それはどういうことですか。

河野 つまり、国が財政政策をおこなうときには国債という借金を元手に、公共投資をおこなったり、減税や補助金を通じて間接的に消費や設備投資を増やそうとしたりしますが、この借金は将来、国民が得た所得から返済しなければならない。返してしまったら、プラスマイナスはゼロですね。天からお金が降ってくるわけではありません。フリーランチは存在しないのです。

だから、財政出動したときには一時的に景気が上向いたようにみえても、それは本質的にはなんの価値もうみだしていなくて、ただ将来の国民の所得を前借りしているだけだということです。

――なるほど。そうすると金融緩和政策にも前借り的な側面がありますよね。

河野 そうです。金融政策が景気刺激策として機能するとしたら、たとえばこういう現象がおこった場合ですよね。

「来年、車を買おう」と思っていた個人がいたり、「来年、設備投資をしよう」と思っていた企業があったりするとします。金融政策によって金利が下がると、彼らは借金がしやすくなるので、「それなら今年、買っておこうか」という人や企業がでてきます。ところが、この個人や企業は、来年になるともう車を買ったり、設備投資をしたりはしませんね。

――だから、長い目でみれば追加的な需要は発生していない。本来は来年にあるはずの需要を前倒ししてしまっただけだということですね。

河野　もちろん政府にも関与できる部分はありますが、経済成長の源泉は、民間部門の自由な経済活動を可能にし、現場での創意工夫を発揮させ、生産性を上げていくことに尽きるんです。政府にできるのは、みずからの活動領域を縮小すること。つまり規制緩和で民間に任せることです。

しかし、規制緩和は、一単位の経済資源からより大きな付加価値をうみだすことができる供給者にチャンスを与えることであり、これは結局、既得権者がもっている利益を吐き出させることにつながります。当然にして痛みをともないます。

――既得権というと、たとえば補助金ですよね。補助金を受けなければ成り立たないような産業があるとする。そこで食っている人たちはなかなか補助金を手放したがらない。そのとき問題になるのは、そういう人たちが補助金のせいで怠けて創意工夫せず、生産性が上がらないとかいう精神論ではなくて、そもそもその産業が補助金なしにはやっていけないものだという点ですよね。産業としての生産性が低すぎる証拠だと。

河野　そうです。ですから、その補助金をはぎとって、もっと効率的な資源配分をおこない、生産性の高い人たちに経済資源がまわるようにしてしまおうということなんですが、政治的には難しいわけですね。

――結局、不利益の分配ができず、財政政策と金融緩和をもっとやれよ、という話になってしまう。いずれにしても政府は本質的には成長力を高められない。財政・金融政策で経済成長できるんだったら、とっくにあらゆる国が豊かになっているはずだろう、という話ですよね。

▼財政・金融政策は成長戦略ではなくマクロ安定化政策

河野　じゃあ、財政・金融政策って本当はなんなんだ、無意味なのか、という疑問が湧いてくるかもしれませんけど、それはまたちがうんですね。ちゃんと役割はある。

私たちは、財政・金融政策をマクロ安定化政策と呼んでいます。つまり、なにか一時的な理由で成長率が下がってしまったときに、本来の成長率に戻すためにおこなう安定化策だということです。所得の前借り、需要の前倒しによって、一時的には景気を持ち上げることができる。それは潜在成長率を上げるものではなく、急激におこった変動の幅を抑えるための政策なのです。

――経済成長だけでなく物価についても同じことがいえますね。たとえば本来的なインフレターゲット論では、急激なインフレがおきそうだから金融政策によって変化を緩やかにしましょう、と考えるわけですね。

河野　そうです。低成長で成長率が平均〇・九％だからみんなが不幸か、というと、日常生活レベルではそれほどのことはない。しかし、所得の変動がやたらに激しくて、毎年安定して消費をおこなえないとなると、国民生活はただちに混乱します。

国民にとってみれば、今年は三〇〇万円消費できるけれど、来年は六〇〇万円、次はまた三〇〇万円、六〇〇万円……と変動するよりも、毎年四五〇万円消費できるほうがいい。しかも、事前には変動の幅はわからない。四五〇万円の平均になるかなんて、予想できない。毎年、消費水準を変えて生活するというのは、ひじょうに難しい。

――それでは個人レベルの消費も落ちるでしょうし、企業にとっても変動幅が大きすぎると経営が難しいでしょうね。「安定化」という機能は凡庸にきこえますが、じつは経済の礎を支える大事な役割ですね。ただ、それ以上のものではない。それなのに成長率を無理やり上げようとすれば、どうしても弊害がでてくるということですね。

▼消費水準の持続的な向上が最終目標

――いままでのお話をうかがって、現在の日本の財政・金融政策は日本経済に大きな歪みをもたらすことがよくわかりました。とくにゼロ金利政策のような極端な金融政策が継続されていることは、バジョットのいったように、収益性の低いところに資本を蓄積させたり、よけいなバブルを発生させたり、というような副作用をもたらしている。これをどう是正していくべきだとお考えですか。

河野　それはまず、ある程度の循環的な景気回復がはじまったならば、危機対応としてはじめたゼロ金利政策を解除して、金利を正常な状況にもっていくことでしょうね。

たとえば、二〇〇〇年代の量的緩和の時期が特徴的なのですが、振り返ってみるとこの時期は、戦後最長の景気拡大局面だったんですね。円安誘導の恩恵で、少なからぬ企業が過去最高の利益を上げていたわけです。

しかし、結局それが家計部門には波及せず、雇用者所得の上昇にはつながらなかった。むしろ、円安とコモディティ価格の上昇で実質購買力は抑制されました。もうひとつ、国民が景気回復を感じられなかった理由は、利子所得が増えなかったことですよ。ゼロ金利政策は家計から利子所得を奪っています。いま、銀行に預金して受け取れる利子なんて微々たるものですよね。

普通は、景気の回復がはじまってくると、それを反映して金利が上がり、家計部門の利子所得が増えます。あるいは、金利が上がることを反映して円高がおこることで、家計部門の実質購買力が上がってきます。それが国民にとっては景気回復の実感につながり、個人消費も増えていくわけです。

ところが、日本は羹《あつもの》に懲りて膾《なます》を吹くだったといえるかもしれませんが、「金利がいまの段階で上がったら景気が悪くなる」とか「円高になると景気が悪くなる」と思って、ひたすら金融緩和で金利や円高を抑えよう、抑えようとしてきた。家計は低い利子所得しか得られない。国民の目から見れば、頑張って働いて稼いで預金しても、ぜんぜんご褒美がないような状況です。

さらに、国債発行による所得の前借りをつづけた結果、国民、とくに若年層には将来への不安も広がっています。政府債務が膨れ上がり、将来その返済をしなければならないという懸念は、現在の消費を抑制することにもつながっているのではないでしょうか。極端な金融政策を長引かせることが、経済政策の本来の目的である、家計の消費を増やすことを阻害しているということに、日本は気がつかなかったんです。

――そう、一九九〇年代以降の日本の経済政策は、家計や国民の購買力といったものにあまりに無関心だったように思えますね。

河野　それは大きな間違いなんですよね。

そもそも、なぜ経済政策をやるかというと、真の目的は国民の経済厚生の向上だったはずです。もう少し具体的にいえば、消費水準の持続的な向上、ひとりあたりの個人消費の継続的な増加です。

もちろん私は決して物質的なことだけをいっているのではなくて、余暇であるとか、家族との時間をゆっくり楽しむとかいうことも、本来、ひとりひとりの個人消費に含めて議論すべきなのですが。

▼これから来る本当の危機

――そういう経済政策の本来の目的がいまの日本では忘れられがちですね。

将来不安による消費の抑制ということでいえば、これまでは高齢者福祉を拡充することが将来不安を払拭し、消費を増やすことだと考えられてきました。しかしそのために政府の借金を積み増して将来世代に負担を押し付けてしまえば、将来不安は払拭されるどころかさらに大きくなりかねません。

とはいえ、人口動態によって決定的に政治の役割が変わったにもかかわらず、政治家には給付の削減などの負担の分配ができない。民主主義の弱点です。その民主主義の弱点が、少子高齢化によって潜在成長率や担税力が低下している現実から目を背けさせ、一時しのぎの策でしかない極端な財政・金融政策を続けさせてきた。

したがって、社会保障制度を改革し、生産年齢人口が減少しても持続可能なものにすることは、経済を上向かせるためにも必要なことですね。社会保障制度を改革するためにも、極端な財政・金融政策をやめるためにも、やはり人口動態の変化にむきあうことが避けられません。それによってはじめてこの国の経済厚生の向上を目指すことができる。

河野　理想的な流れは、そうだと思います。ただ、私はそうしたあるべき論以前に、現実問題として日本がもっと恐ろしいステージに入っていることを痛感しています。

いま、現役世代は年金などの社会保障制度の持続可能性を疑い、将来の公的債務の返済負担を懸念している。若い世代は、どうせ自分は年金をもらえないだろうとか、日本は借金まみれで将来は働いても大幅に増税されるだろう、と思っているわけですよ。

その結果、消費を抑制している。それをみて企業も設備投資を抑制する。

問題はですね、この家計と企業がつかうのをやめたお金がどこにいったかです。

――というと？

河野　そのお金は貯蓄にまわって、金融機関に集まります。ところが金融機関は、先ほどお話ししたように、リスクが低くて日銀が買い支えてくれる国債を買っている。

これは、まさに飢えたタコがみずからの足を食べはじめたような状況なんですね。政府は国民に払う社会保障給付やいままで国民から借りてきた公的債務の返済を税収で賄えない。それで、銀行に国債を買わせて借金をする。その銀行の資金は国民の預貯金なんです。

どう考えてもおかしいですよね。

――そんな循環が成立するのは、やはり金利が低く抑えられているからですよね。金利を抑えておけるのは、日銀が国債を買い支えているからなんですが、究極的には日本という国がいずれ経済成長して借金を返済できるという建前があるからです。

河野 そうなんです。そんななかで、将来どこかで、潜在成長率がマイナスになったことをはっきりと認めざるをえないとすると、日本の経済的な実力がバレてしまう。将来の徴税力・担税力がないことが認識される。つまり、国の借金は将来の税収では返済できないことがわかる。その途端に金利が上がりはじめ、利払い費があっというまに増加し、税収を上回るようになってくる。

こうなれば、手を打つまもなく日本経済は突然死を迎えるでしょう。国債価格は暴落し、国債を大量に保有する金融機関の経営も揺らぎます。国民が将来への不安を感じて貯めてきたはずの貯蓄は銀行預金を通じて国債にまわっていますから、預金の価値も失われてしまうのです。

▼インフレで国の債務負担が軽減できる？

――いまのお話に対して、金融緩和を推進するリフレ派の論者のなかには逆のことをいう人もいますよね。つまり、大胆な金融緩和によってインフレをおこせば、政府の実質的な債務負担を軽減できる、と。

実質的な経済成長がもたらされなくても、インフレによって名目ＧＤＰが上昇しさえすれば、政府債務の対ＧＤＰ比率が下がる。もしくは、政府債務が膨らんでも名目ＧＤＰが上昇すれば対ＧＤＰ比率は上がらない。したがって、突然死どころか財政破綻の危機は遠のく、と。

これについては、どうお考えですか。

河野　まず確認しておきたいのは、金融緩和だけでデフレから脱却することはできないということです。政策金利はほぼゼロでこれ以上下げられず、長期金利も相当に低下していることを考えると、いくら資金の供給量を増やしても、それだけで需要を刺激することはできないからです。

安倍政権もそこはわかっていて、だからこそ大規模な財政政策とセットで金融緩和を打ち出したわけです。大規模な財政出動を続ければ、所得の前借りによって一時的に総需要が増え、インフレ率も上昇します。名目成長率が上がれば、一時的には政府債務の対GDP比率は低下するでしょうね。

――長期的にはどうなるのでしょうか。

河野　財政政策によって名目成長率をかさ上げすると、長期金利が低位で安定しているあいだは、株価の上昇が続き、バブルの様相が強まっていきます。現在、株高が続いているところをみると、すでにバブルのプロセスがはじまっているのかもしれません。しかし、これを喜んでいる場合ではないのです。

追加財政によって名目成長率が上昇すれば、いずれは長期金利も上昇します。

事実、一九八〇年代以降の日本経済をみると、政府の資本コスト、すなわち長期金利は、おおむね名目成長率を上回ってきました。長期金利が大きく上昇することになれば、公的債務残高がいまやGDPの二倍にまで膨れ上がっているため、利払い費が急激に膨らみます。財政が危機的状況におちいるのを避けるため、日銀によるファイナンスが進むことになるでしょう。

――財政の赤字補塡をするために、日銀が国債の購入をさらに増やしていく、ということでしょうか。

河野　そうです。事実上のマネタイゼーションです。

しかし問題は、どこまで金利上昇を抑えることができるかです。バブルが崩壊すれば、人びとは日本の潜在成長率がマイナスの領域に入っていることを認識し、将来の税収で公的債務が返済されないと考え、財政破綻懸念から長期金利の上昇が始まる可能性があります。あるいは、政府は円安誘導を続けていますが、円安が進むことで、輸入インフレが上昇し、金融市場のインフレ予想を高め、長期金利が上昇するということも考えられます。

デフレが続いている現段階では想像しがたいのですが、国内要因でインフレ率が上昇し、そのことが長期金利上昇の引き金となる可能性もあります。

日本の完全雇用状態の失業率は三・五％程度ですが、現在の失業率は約四％まで低下しており、完全雇用状態からそれほど乖離していません。したがって、追加財政を繰り返し、総需要が増加すれば、インフレ率は上がってくるでしょう。そのとき日銀は、物価安定の視点に立てば、二％をこえるインフレの加速を回避するため、継続的に利上げする必要があります。

――物価上昇の熱をさますためには、つまり、日銀は政策金利を引き上げなくてはならない。

河野　そうです。しかし、そのことは長期金利の急激な上昇、つまり、国債価格の急落をもたらす恐れがあります。大量に国債を保有している民間銀行にしてみれば、国債の価格が下落するということです。

それは、金融機関の経営を揺るがし、損失が発生し、自己資本が目減りしてしまうということです。だから、日銀は国債をさらに購入し、国債の価格を高く買い支えざるをえない。

――日銀が一方で国債を買い支えながら、他方で物価を安定化させることは両立しえないということですね。

河野　そうです。国債管理政策に強く組み込まれた日本銀行は、物価を安定化させることと、金融システムを安定化させることの両方を目指すことが難しくなります。

このジレンマにおちいったとき、日銀は物価の安定化よりも、金融システムの安定化を選ばざるをえないのではないでしょうか。

▼マネタイゼーションの帰結

――逆にいえば、日銀が国債を買うのをやめるという選択肢は、金融システムの安定性を放棄することに直結してしまうわけですね。リフレ派が期待するような、インフレによる政府の債務負担の軽減は持続しない。それどころか、金利が上がりはじめれば、金融システムの安定か物価の安定かのいずれかを犠牲にせざるをえなくなる。地獄の道になると。

河野　そうです。中央銀行ファイナンスによる追加財政、すなわち、マネタイゼーション戦略の帰結をまとめてみましょう。

当初は、高めの実質成長率、低いインフレ率、やや高めの名目成長率、低い長期金利、リスク資産価格の上昇が観測され、バブル的な様相が強まります。しかし、その後は、低い実質成長率、高いインフレ率、高めの名目成長率、高い長期金利、リスク資産価格の下落が訪れます。つまり、バブルの崩壊です。

バブル崩壊後には、日本経済は財政破綻確率の上昇や金融システムの動揺などに直面し、経済・物価の不安定性は急激に増します。さらに、マネタイゼーション戦略を追求する過程では、副産物として「悪い円安」も生じているかもしれません。

長期金利上昇を避けるために日銀が金融緩和を続ければ、それが円安をもたらし、その円安が輸入インフレを通じて長期金利を押し上げる。長期金利が上昇を続ければ、円資産を回避する動きが広がり、円安が進む。

長期金利上昇と円安進展の負のスパイラルが生じ、最悪の場合には、財政危機、金融システムの動揺、資本逃避が同時に訪れる可能性があります。

―― ひとたびそのような危機に襲われたら、私たち一般市民の生活もただではすみませんね。

河野 はい。それは、ちょっとしたきっかけで急激におこる突然死であると同時に、再び立ち上がることがひじょうに難しいような、何年にもわたって市民生活に影響を与えつづけるような、深刻な危機になるでしょう。

歴史をみれば明らかなとおり、マネタイゼーションといった極端な財政・金融政策は最終的に経済、社会に大混乱をもたらしてきました。そこでは、普通の人びとの生活が破壊されました。

いかにマクロ経済学が発達し、マクロ経済政策の技術が進歩したからといっても、マクロ経済の仕組みに関する私たちの理解や知識は依然として限定的です。政策効果が大きいとすれば、それは劇薬なのであり、それ相応の大きな副作用があるはずです。

さらにむずかしいことに、どのような副作用がどの段階で現れるのかは、極めて不確実です。

——いつどのように立ち上がってくるかわからない危険ほど、こわいものはないですね。不確実性に対抗するには、安定性を主眼に置いた政策をとるしかないように思いますが、その逆の道に進んでいこうとしているのがアベノミクスなのですね。

河野　政策を決定する際には、少なくとも社会やマクロ経済に取り返しのつかない悪影響を与えないという、慎重な姿勢が必要です。

裁量的なマクロ経済政策が万能と考えることの危険性、進歩主義的な介入主義への過度な信頼に対する反省が、わずか数年前におこった世界的な金融危機から得られた教訓だったはずです。

われわれは同じ過ちをまた繰り返すのでしょうか。有能なブレーンに囲まれ、アベノミクスがうまくいく可能性はゼロではないかもしれません。しかし、その場合でも、アベノミクス路線の後継者が、マネタイゼーション政策を「魔法の杖」として限界まで追求するかもしれません。危機のマグマはさらに溜まっていくことになります。本当に心配です。

第三章　お金への欲望に金融緩和は勝てない

小野善康×萱野稔人

小野善康（おの　よしやす）
一九五一年、東京都生まれ。大阪大学社会経済研究所教授。経済学博士。一九七九年、東京大学大学院修了。民主党政権時代には内閣府参与、内閣府経済社会総合研究所所長を歴任。主な著書に『不況のメカニズム―ケインズ『一般理論』から新たな「不況動学」へ』（中公新書）、『成熟社会の経済学―長期不況をどう克服するか』（岩波新書）など。

▼金融緩和が効かない明白な証拠

――小野先生といえば不況動学理論という独自の経済理論を打ち立てたことで広く知られています。その小野先生が、金融緩和で景気回復はできないとおっしゃっていると聞き、お話をうかがいにきました。

小野先生は、民主党・菅政権の経済政策ブレーンでした。確認の意味もこめて最初にうかがいたいと思います。菅総理のほうから「金融緩和をやってみてはどうか」というような声はまったくでてこなかったのでしょうか。

小野　総理になる直前に菅さんから「金融緩和は効果のあるものなのか」と聞かれたことがありました。私は即答です。「いえ、いまの日本では効きませんよ」と。

その理由のもっとも単純な説明は、「過去の実例を見てください、効果はなかったでしょう」ということです。

――二〇〇一年から二〇〇六年まで続いた金融緩和政策のことですね。

小野　いえいえ、それ以前から日銀は、ずっと金融緩和をしてきたんですが、まったく効

図1　貨幣供給量と消費者物価

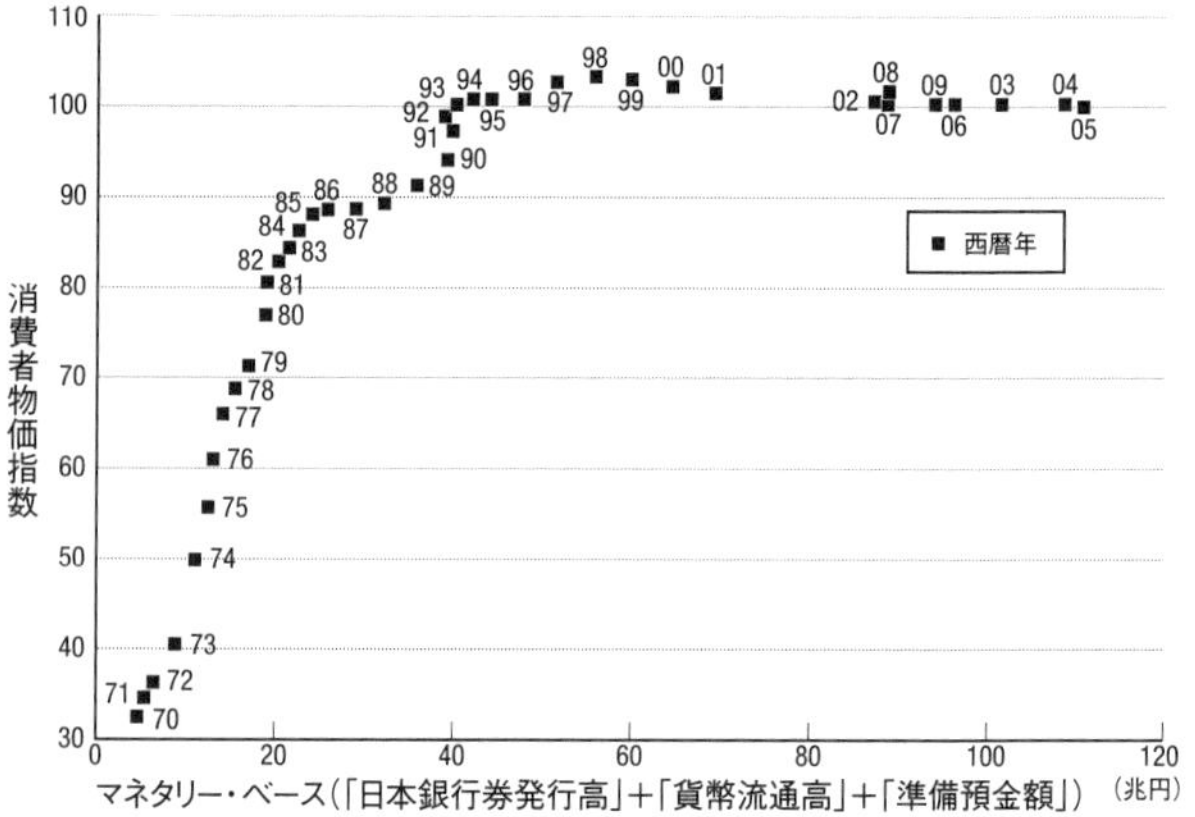

日本銀行「マネタリー・ベース平均残高」、総務省「消費者物価指数」より

果はなかったんです。図1を見てもらえますか。

――　横軸がマネタリー・ベース、つまり日銀が供給する貨幣の量ですね。二〇〇一年以前でも、貨幣の供給量はどんどん増えているんですね。二〇〇一年からの五年間で二七兆円増えて、その前の五年間でも二二兆円増えています。

小野　増加率からいえば、二〇〇一年以降の五年間の三九％に対して、それ以前の五年間では四五％で、二〇〇一年以前のほうがむしろ増えていたんですよ。

――　量的緩和をおこないますよ、と日銀が言いはじめるずっとまえから貨幣供給量は増えていた。これが事実なんですね。

小野　そうなんです。小泉政権以降に限らず、バブル崩壊以降、日銀は貨幣の供給量をどんどん増やしつづけていたんです。

ここで重要なのは、貨幣の供給量を増やせば物価は上昇するのか、つまりデフレ克服につながるのか、という問題です。

図1の縦軸を見てください。これ、消費者物価指数なんですよ。物価は上がっていますか。上がってないでしょう。

――これはかなりすごいグラフですね。見れば一発でわかる。金融緩和をしても物価の上昇をもたらすことはできない、デフレ脱却などできないということですね。

小野　ついでに貨幣供給量とGDPの関係も見ておきましょうか。図2の縦軸は名目GDPです。

――GDPの額も一九九二〜三年以降、ほとんど動きがないですね。つまり、金融緩和をこれだけつづけていても結局、名目GDPは拡大していない。

小野　そうです。菅さんにもこの二枚の図を見せました。そしたら、ぱっと理解してくれ

図2　貨幣供給量と名目GDP

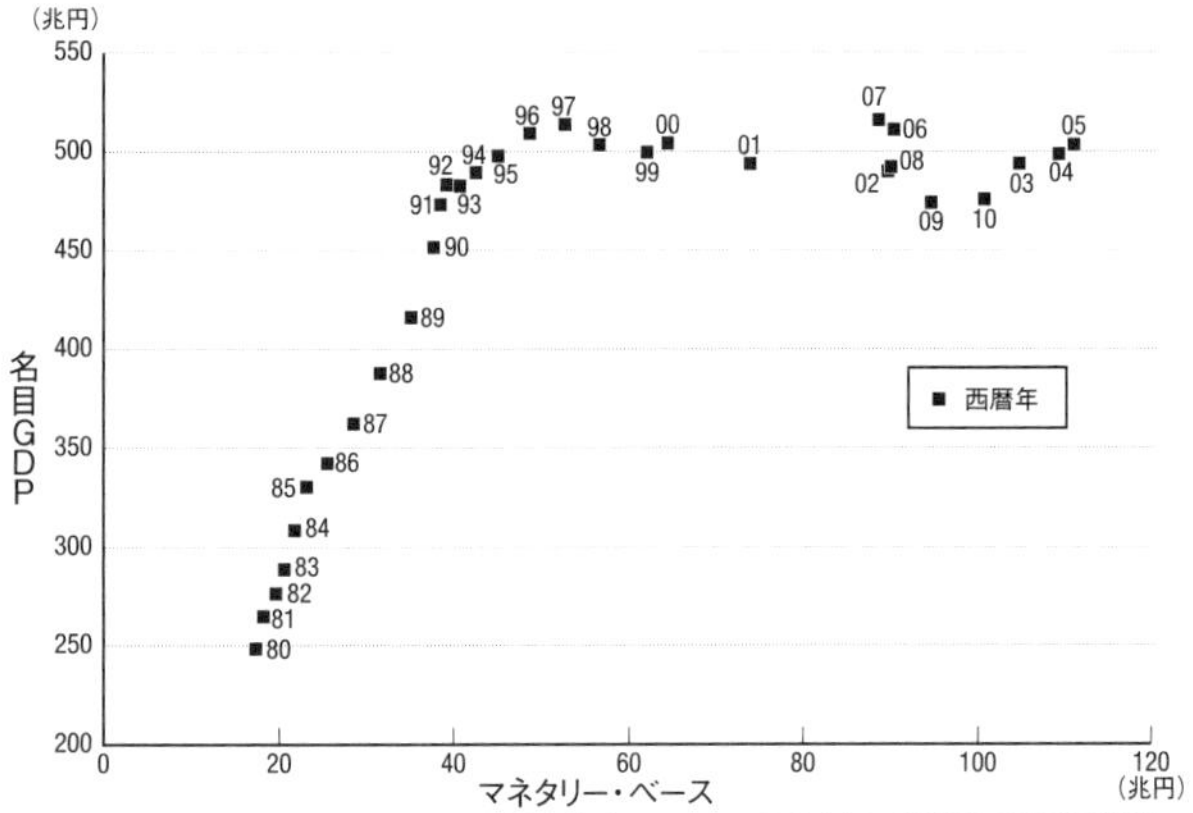

日本銀行「マネタリー・ベース平均残高」、内閣府「国民経済計算」より

て、「（金融緩和慎重派といわれた当時の日銀総裁）白川さんが喜ぶな」と。金融緩和政策についての菅さんへの説明はこれだけでおしまいでした。

▼「成熟社会」に入った日本

――それだけこのふたつが明白なグラフだということですね。ところで、このふたつの図をみてさらに気がつくのは、一九八〇年代後半までは貨幣供給量に比例して物価もGDPも素直に上昇していたということです。

しかし、バブルが崩壊し本格的に景気が悪化していった九〇年代からは、その相関関係が消えてしまった。貨幣供給量をこれだけ増やしているにもかかわらず、物価は上昇せず、ＧＤＰも増えていない。

では、なぜその相関関係は消えてしまったのでしょうか。さらに気になるのは、貨幣供給量と物価上昇や経済成長との相関関係はとうに消えてしまっているのに、主流派の経済学者たちは、なぜ金融緩和で物価上昇や景気浮揚が可能だと言いつづけているのでしょうか。そして小野先生はその主流派の経済学者たちの主張に対してなんと答えるのか。そのあたりもぜひうかがいたいところです。

小野　先にヒントをお話ししておくと、お金のもつ深い意味を従来の経済学の主流派たちは真剣に考えてこなかったということですよ。そして、お金の特性を考えないと、この経済構造の変化も説明しきれないのです。

――　九〇年代半ばに日本経済の構造に大きな変化があったというのは、多くの論者が指摘することですし、私自身もそのように考えています。藻谷さん、河野さんのお話に共通するのは、この時期に生じた人口動態の変化が引き金となって需要が縮小したという点です。

小野先生の理論にとっても、この九〇年代半ばの転換が重要になるわけですね。

小野　そうです。ただし、私の場合には人口動態とは違う要因を考えています。それは、まさに日本が「発展途上社会」から「成熟社会」に突入したということです。

――モノに対する飢餓感のある社会から、そうでない成熟した社会に変化した、と。言いかえると、生産力が不足している社会から生産力が飽和してしまった社会への転換ということですね。

小野　私が、八〇年代後半からこの理論を組み立てていったときには、純粋に理論的な興味だけだったんですよ。景気の変動をどう説明するか。所得が増えれば消費が増えるといったような、いわゆるオールド・ケインジアンといわれるいい加減な仮定に基礎を置く昔流のモデルではなく、現代の動学的な経済理論にもとづいたきっちりしたモデルで景気変動を説明することができないか、と思ってはじめました。

――たしか小野先生はそのころプリンストン大学にいらっしゃいましたね。

小野　そうです。でも、プリンストンにいたときは、なんかすごい結論が出そうだという予兆はあったものの、まだ、はっきり不況の仕組みが説明できるところまではいっていなかった。帰国後もそれをずっと考えていて、あるとき突然、重要なことに気がついたのです。

それは、「人はお金そのものがほしい」ということです。つまり、その欲望とは、お金でモノを買ったあとに得られる喜びや快適さではなく、純粋にいまお金があるからあれもできるこれもできると実感できてうれしい、ということです。

それこそが長期不況をもたらす原因なのに、その重要な意味をほとんどの経済学者が見過ごしているのではないか。需要不足の原因についてあれほど分析し、お金のもつこの特性を明確に認識していたケインズすらも、その特性と不況とのつながりをつけられず、いい加減な説明ですましているんじゃないか。

そんな角度で徹底して考えたら、経済学が扱えなかった長くつづくデフレ不況の原因について、説明がついたのです。

その理論ができあがっていくにつれて、出てくる結論はそれまでの経済学の常識とはかけ離れたものでした。たとえば、一生懸命がんばって働くほど不況がひどくなるとか、賃金をどんどん下げてモノを安くつくろうとするとさらに不況が悪化するとか、日銀が貨幣供給量を増やしてもまったく効果はないとかです。

当時の日本は高度成長に引き続いてバブル景気を謳歌《おうか》していましたし、ジャパン・アズ・ナンバーワンとまでいわれていましたから、まさかそれが本当になるとは思わなかった。しかし理論的には出てくるから、書かざるをえない。それで、一九九二年にはじめてこの理論の研究書『貨幣経済の動学理論』（東京大学出版会）を出したとき、日本は「長期不況」におちいる寸前なのではないかと書いたのですが、そのときは、正直、冷や汗ものでした。

▼長期不況をはじめて説明できた小野理論

――　長くつづく不況の説明がついた、とまさにおっしゃったそのことこそが、小野理論の革新的なところですね。従来の主流派経済学の理論では、不況は存在しないという主張のほうが一般的ですから。

小野　萱野さんのご指摘のとおり、新古典派経済学の常識では不況というものは存在しないと考えられています。現実に照らせば、そんなのはおかしいわけですが。

しかも、ケインズの流れを汲《く》むニュー・ケインジアンたち、景気刺激を重視する彼らですら、不況はごく短期の一時的な調整過程であるとしか考えていないんですよ。一時的な不景気で失業者が出ても、需要と供給の調整がなされれば、そのうち完全雇用が達成される。彼らはそう考えている。

しかし、いまの日本にそれが当てはまるでしょうか。バブル崩壊から二〇年以上たつのに景気回復の兆しはありません。失業が恒常化して不完全雇用からの脱出ができない長期不況にはまり込んでいます。

図1と2でお見せしたように、物価が上昇しない、GDPの成長もない状態が、実際に長くつづいている。失業率も一定の水準に張りついて下がらなくなってしまっている。不況が「定常化」してしまっているんですよ。

ところが、萱野さんがさっき指摘されたように、従来の経済学ではこの「不況定常状態」はないことになっている。

―― 逆に、そうした定常的な不況がおこりうるのが、小野理論でいう「成熟社会」だということですね。

小野 そうです。ポイントは「お金が究極の欲望の対象になる」ということです。この前提から出発すると、理論的にも恒常的な不況が説明できるのです。

　このようなお金への欲望は、お金という便利なものをうみだした人間の宿命とでもいうべきもので、発展途上社会でも成熟社会でも同じです。人間誰でもモノが満ち足りてしまえば、それ以上にほしいのはお金だけになる。でも、発展途上社会では生産力が低くてモノへの欲望が大きいから、お金への欲望が表に現れなかった。ところが、生産力が拡大してモノが大量に生産されるようになると、それ以上のモノへの欲望が減ってきて、お金の欲望が表に現れてくる。これが成熟社会です。そうした成熟社会と発展途上社会とでは、経済政策の効き方もほぼ反対といっていいくらい異なるんですよ。

▼お金が究極の欲望の対象に

小野　「お金が究極の欲望の対象になる」という認識が本当に大事で、その前提で話を進めないと、現実にあわなくなってしまうんです。
　私の理論とは逆に、つまり新古典派が考えるように、お金が直接の欲望の対象ではなく、単なる交換手段だったと仮定しましょう。

お金が単なる交換手段ならば、目的はそれを使ってモノを手に入れることです。ですから、モノをつくってそれを販売し、その価値のぶんだけ所得が入れば、そのお金はすべてモノやサービスにむけられます。つまり、人びとが稼いだお金の量は、人びとが働いてつくったモノやサービスの量に等しい。だから、つくったモノの価値だけモノが売れるということになって、生産過剰もなく、失業もおきない。つまり不況は存在しない。もちろんこの考え方は間違っていますけれどね。これが新古典派の基本的な発想です。

これは、一九世紀のフランスの経済学者セイの名をとって「セイの法則」と呼ばれています。ケインズは「セイの法則」を否定しようとしました。しかし、理論的に本当に否定できたのか、どうもはっきりしない。それで、その後の経済学者たちはいろいろ悩んだあげく、「セイの法則」に戻ってしまった。

考えてみれば当たり前で、先ほど説明したようなお金への欲望を考慮に入れていないから、理論的にはそうなります。そのために、いまではほとんどの経済学者が、供給を改善すれば経済はうまくまわると考えているのです。

――セイの法則には、交換手段であるはずのお金が欲望の対象となるという視点が抜け落ちているんですね。たしかにその前提でいけば、不況はつねに一時的な調整過程にすぎないということになってしまいます。

小野　「お金が究極の欲望の対象になる」という前提のもとに話を進めないとそうなってしまう。不況が定常化している現代の状況を説明できません。

繰り返すけれど、新古典派経済学では長期不況は訪れないことになっているんです。不況と需要不足について徹底的に考えて、「セイの法則」を徹底的に批判したケインズですら、物価が調整されないからおこる一時不況しか説明できず、不況の定常化状態についてはあやふやなままでした。

▼成熟社会とは何か

――ケインズの先をいくのが小野理論だということですね。そのベースにある成熟社会について、もう少し説明していただけますか。

小野　成熟社会とは、豊かになり、モノへの飢餓感がなくなった社会ということです。そういう時代が高度経済成長を経てやってきた。たとえば、洗濯機や冷蔵庫の登場です。洗濯機や冷蔵庫がでたことによって、びっくりするほど人の生活が変わった。なけなしのお金を手放してでもそうしたモノを手に入れれば、劇的に生活が向上する。

ああいった時代のモノへの飢餓感は、いまの人にはわかりにくいかもしれないでしょうね。

――いまだと、たとえばパソコンや携帯電話が人びとの生活を劇的に変えたなどといわれますが、歴史的な視点からみたら、洗濯機や冷蔵庫がもたらしたライフスタイルの変化のほうが圧倒的に大きいですよね。女性の社会的役割だってそれによって大きく変わりましたから。

小野　そうそう。ここで強調しておきたいのは、昔の発展途上の社会ではモノへの欲求水準がいまよりうんと高くて、お金への欲求水準よりも上にあったということです。

もちろん発展途上社会にだって、お金への欲望はありました。でもモノが絶対的に足りなかったから、お金がもったいないという気持ちはあっても、お金を手放してモノを手に入れるほうが優先だった。

逆に、モノがあふれた成熟社会では暮らしに必要なものはあらかたそろっているので、モノを買っても生活の質はたいして向上しない。モノへの欲求の水準が下がって、お金への欲求の水準と逆転してしまった。

――マルクス主義だったら、お金へのフェティシズムというでしょうね。モノがあふれた結果、モノへの欲求がお金への欲求の水準よりも低くなってしまったということですね。

小野 そうです。成熟社会ではモノがあふれているから。この欲求の逆転こそが、成熟社会を特徴づけるものなのです。

――人びとの基本的な欲求、つまり生活の向上のために必要な需要は、この社会の生産力によってすでに満たされてしまったということですね。

逆に、それ以前の発展途上社会では、人びとのほしいモノやサービスは山のようにあるのに、生産力が不足していて、十分に供給されていない。生産技術や生産設備がまだ完成されていませんでしたから。供給力よりも需要のほうが十分あれば、設備投資もなされやすいし、雇用もうまれやすい。だから、完全雇用も達成されやすい社会だったということですね。

小野 一方で、成熟社会というのは、すでに生産力は十分にあり、モノやサービスが飽和し、逆に需要のほうが足りなくなった社会です。需要が少なければ、企業は設備投資もしないし、雇用もうまれない。当然、失業率は高いままになりますね。

――その結果、成熟社会では雇用不安が蔓延《まんえん》し、人はますますモノを買わなくなって、お金への執着を強める。とてもクリアな説明ですね。

▼「貨幣のバブル」がデフレの正体

小野　でも、モノへの欲求とお金への欲求のこの関係を理解してくれない人は、「成熟社会になってもまだまだ人びとにはほしいモノがある」と反論してくるんですよ。

反論する人の気持ちはわかります。もちろん誰だってほしいモノはありますから。けれども、もっているお金をつぎ込んで、ほしいモノを次々に買うのかと聞いてみると、大概の場合、返ってくる答えはこうです。「いや、お金がもったいないから買わない」

この言葉こそが、お金への欲求がモノへの欲求を上回ってしまったことをあらわしています。お金への欲望をこえてまでほしいと思うモノはほとんどない。お金がもったいない、お金を保有していたい。こうしたお金の保有願望こそ、成熟社会での経済を分析するときにひじょうに重要な要素なのです。

――なるほど。成熟社会になってもモノへの欲求そのものがなくなるわけではないんですね。よく誤解されるところなんでしょうが、そうではなくお金への欲求のほうが勝ってしまうことが、成熟社会を考えるうえでポイントとなるわけですね。

小野　たとえば、日本でも昔は車を買うことは決めていて、その車をトヨタにするか日産にするかで迷っていたでしょう。しかしいまはそうじゃない。いまもっている車は古いけれどまだ動くし、お金がもったいないから新車を買わないのです。

――つまり、モノを供給する企業の競争相手は、同業他社ではなく、お金だということですね。

小野　まったくそのとおりです。モノを売る側にとっては、同業他社の商品ではなくお金がライバルなのです。このお金の魅力に人びとがとりつかれて、モノに比べたお金の価値がどんどん上がっていく。これがデフレなんです。

お金の価値とは一定額でどれだけモノが買えるかということです。デフレで物価が下がれば、一定額で買えるモノの量が増える。それはつまり、お金の価値が上がるということです。言いかえれば、デフレとはお金の価値が上昇しつづけるバブルなのです。八〇年代の日本のバブル景気では、株価や土地の価値が上がりつづけました。いまはお金の価値が上がりつづけるという新型のバブルがおきているのです。

人びとはモノを買わずにお金にしがみつき、たとえモノの値段が下がっても、お金が惜しいのでモノを買おうとしない。そのせいで物価が下がりつづけるので、現金を長くもっていればいるほど現金の価値が上がっていく。そのため、ますますお金をもっていたくなる。こうした思考のスパイラルがモノの売れ残りと失業をうんで、所得、つまり人びとへのお金の流入を止めているのです。

――貨幣の保有欲がモノの消費欲を凌駕《りょうが》した結果、モノの消費が減り、慢性的な失業と不況を引き起こす。それがさらに貨幣の保有欲を強化する、という「定常状態」にはまり込んでいるんですね。

小野　人びとがお金を貯蓄して保有するのは、好きなときにどんなモノやサービスに対しても購買力を行使できる自由、これを経済学では流動性というのですが、その自由を確保しておきたいからなのです。お金を保有しておけば安心も得られるし、社会的なパワーの源泉にもなる。このような欲求には限りがありません。
ですから、人びとが消費を減らして貯蓄にまわしたことをさして、その人たちが将来的に消費を増やすだろうとはいえないんですね。つねに安心や社会的パワーを確保しておきたいわけですから。

▼貨幣への欲望には限りがない

——小野先生の説明どおり、いまの日本人の多くは働いて稼いだお金をできるだけつかわず、とりあえず貯めて将来に備えるという考え方になっていますね。

小野　将来なにがおこるかは誰にもわからない。でも、お金があれば、そのなにかに対して解決の手段なり、方法なりの備えにはなる。たとえば、いまお金を食べものに変えてしまったら、食べものはすぐに食べなければ腐って食べられなくなる。しかし、お金は腐ったり、劣化したりしない。そのうえ、好きなときに好きなものと交換することができる。だからお金をとっておきたい、という欲求は大きいままです。

——さらに、モノがそれなりにある社会ではお金への執着が相対的に高まってくる。

小野　それほどお金への欲望は強いもの、下がりにくいものだということです。

いま萱野さんの発言をさらに一歩進めて、経済学でいう「効用」という考え方をつかって説明してみましょう。ビールを一杯飲み、おいしくて二杯目を飲む。その一杯の差がもたらす満足感と、九杯目が一〇杯目になったときに感じる満足感はちがいますよね。九九杯飲んだあとにもう一杯となれば、もういらない、勘弁してくれ、となります。

ビールでなくとも、モノへの欲望には限度というものが存在します。モノの効用は下がりやすい。

しかし、お金に関してはどうでしょう。最初にもらった一万円と、九九万円のあとにもらう一万円では喜びに差はあるかもしれない。しかし、ゼロやマイナスにはならないでしょう。金額がいくら増えてもお腹一杯にならず、「もういらない」という量はない。いくら貯めてももっとほしいという気持ちが残っています。

このあたりの考え方はケインズ本人もいっている。でも、それを需要不足に結びつける理論は提示しなかった。

その代わり、安易に所得が増えれば消費が増えるという、いわゆる「消費関数」を仮定して需要不足を説明しようとした。それで、所得が足りないから消費が減るということになって、その後のケインジアンたちは、財政金融政策でお金を配ることばかり考えるようになったのです。

▼企業の内部留保が増える訳

――消費者だけでなく企業側の心理も同じですよね。つくったモノが売れる見通しがなく、生産設備も余っているところに、いくらゼロ金利だからといわれても、企業は借金してまで設備投資を増やそうとは思いませんよね。それよりリスクに備えて利益を内部留保にまわすでしょう。いざというときに備えて人びとが所得を貯蓄にまわすのと同じように。

小野　そうなんです。そんな状態では日銀がいくら貨幣発行量を増やしても、そのまま企業や金融機関に貨幣を保有されるだけで消費は増えず、企業の生産設備の稼働率も上がりません。生産設備が余っているなら、いくら金利が低いからといっても生産設備を拡張するはずがない。だから投資需要もうまれない。消費需要も投資需要も増えなければ、物価も上がりようがない。

これでは、日銀がいくら貨幣発行量を増やしたところで効果はありません。

それに、バブル崩壊で日本の金融資産は一〇〇〇兆円から二〇〇〇兆円も失われたといわれている。これに対して日本銀行が新規に発行できる貨幣量はせいぜい数十兆円でしょう。この程度ではとても失った購買力を補塡《ほてん》することはできません。

▼貨幣保有欲と金融緩和

――小野先生のお話はいまの日本の長期不況を考えるうえで、決定的なポイントだと思います。ですので、もっと踏み込んで説明していただくために、あえてうかがいます。「モノへの欲求よりお金への欲求が上回ってデフレになっているのであれば、やはりもっとお金をがんがん配るべきではないか」。金融緩和政策を推進する人たちはこう考えると思いますが、こうした意見にはどのように反論されますか。

小野　金融緩和策とは、まさにそういう考え方の政策です。お金が足りないから、人びとはお金を貯蓄にまわして消費をしない。だから、お金を刷ってばらまけば、人びとのお金への執着も弱まり、消費も投資も活性化して、需要不足は解消する。そうすれば景気が浮揚する、と。
この考え方は財政拡大を主張する人たちにも共通していて、財政でお金を配れば需要が増えると思っています。
――先ほどの小野先生の説明とは逆に、お金さえ供給すれば人間の欲望は最終的にはお金ではなくモノにむかうと考える。

小野　そうです。こうした金融緩和論の考えに深いところで反論するには、少し長い説明が必要です。ちょっと我慢してください。
まず、貨幣の額面どおりの名目の貨幣量と、モノやサービスを購入する実質的な力をあらわす貨幣の実質量を区別しなくてはなりません。名目貨幣量のほうは額面どおりの貨幣の量なのでいいとして、実質貨幣量のほうはどうやって割り出すかというと、数式で書けばこうなります。

実質貨幣量＝名目貨幣量／物価水準

さて、現在のデフレのような状態について、市場の均衡を重視する新古典派経済学ではこう考えます。物価が十分に下がっていけば貨幣の実質量、つまりモノやサービスを購入する実質的な力が拡大する。そうなれば人びとは、もうお金はいいからモノがほしいと思ってモノの購入を増やすから、需要不足が解消する。そういうロジックです。

さっきの数式に戻るなら、分母の物価水準が小さくなるということです。つまり、分子の名目貨幣量が同じであっても、分母の物価が下がれば貨幣の実質量が増えて、より多くのモノやサービスが買えるようになり、その結果、需要も雇用も回復する。

ここで重要なのは、新古典派が貨幣の実質量はすべてモノやサービスへの需要になると考えていることです。モノが売れなければそのうち物価が十分に下がってモノへの需要が回復するから、それまで放っておけ、と新古典派経済学はいうのです。

一方で、金融緩和を提唱しているニュー・ケインジアンは表面的には違う考え方をしています。彼らは、物価の変動はすぐさまおきるのではなく時間がかかることを重くみている。不況でモノが売れないときでも物価はすぐには下がらず、貨幣の実質量は増えずに、需要の回復が遅れると考える。

だったら、物価が下がりきって市場の均衡を取り戻すまで待たずに、中央銀行が貨幣を発行して分子である名目の貨幣量を増やせばいい。そうすれば、実質的なお金の量が増えるから需要が刺激されるはずだ、と言うのです。

―― 物価が下がるのを待つのか、それとも名目の貨幣量を動かそうとするのか。そのちがいはあっても、貨幣の実質量が増えれば、人びとは購買力が上がったと喜んで消費にむかうはずだ、と新古典派もニュー・ケインジアンも考えるわけですね。

小野 そのとおりです。しかし、私はそう考えない。モノへの欲求が、貨幣への欲求の水準を上回っている発展途上社会での一時的な不況ならば、貨幣の量を増やせば需要は刺激されますよ。でも、現代の日本が置かれている成熟社会では、そうはなっていません。

もう一度、図1と2に戻りましょう。これらが示す現実を見ればわかるように、貨幣の実質量が増えていても人びとは消費にむかっていない。需要は二〇年にもわたって拡大していないのです。貨幣の実質量を増やしても、成熟社会では効果がないのです。

経済学の世界では、新古典派とニュー・ケインジアンは対立していると思われています。新古典派は物価や賃金がきちんと下がっていけば、お金の実質量が回復して失業は解消されるから、政府は市場の調整の邪魔をしないように自由化すべきだといい、ケインジアンは物価や賃金はそう簡単には下がらず、それを待っていると失業が長引くから、政府や日銀が介入して、財政や金融でお金を配って需要を回復させようという。

でも、私の目から見たらどちらも似たようなものです。いずれもお金の実質量が回復すれば、景気は元に戻るという考え方です。ちがいは、物価を下げて実質貨幣量を増やすか、名目の貨幣量を政策的に増やして実質貨幣量を増やすか、というだけです。

――実際、デフレといわれる状況のなかで多くの商品の値崩れがおきているにもかかわらず、人びとは消費にはあまりむかっていませんよね。

小野　その理由は、先ほど述べたとおりで、成熟社会ではぜひほしいというモノはほとんど手に入り、これ以上手に入れるくらいならお金をもっていたほうがよいと人びとが考えているからです。モノはありすぎるとお腹が一杯になったり邪魔になったりするが、お金はいくらあっても困らない。それどころか、気持ちに余裕がでてくる。そういう状況でお金の供給量を増やしても、人びとはそのお金を貯め込むだけです。このことが、先ほどのグラフにはっきりと現れているのです。

それなのに、新古典派もケインジアンも発展途上社会の発想で、貨幣の実質量が増えれば人は喜んでお店にとんでいくと思っている。そういう社会なら、金融緩和も効果があります。さっきのグラフでいえば、バブル期以前の日本ではそうでした。だからこそ、貨幣供給量に比例して物価もＧＤＰも上がっていったのです。

しかし、繰り返しますが、貨幣を保有していたいという願望が強くなった現代日本のような成熟社会、とくに将来への不安が強い時代には、人は消費にむかわない。将来の不測の事態に備えようと、貨幣への欲望がとても強くなっている。

あのケインズもお金の所有願望については理解していました。しかし、彼はそこで止まっていて、貨幣を保有する効用が消費する効用よりも大きくなっている成熟社会を想定していなかったのです。

――つまり、新古典派は物価が下がると需要が回復すると考えるのに対して、小野先生は、物価が下がりつづけるとお金をもつことが有利になって、モノへの需要が抑えられると考える。これって正反対ですよね。現実をみれば、デフレといわれる状況のなかで多くの商品の値崩れがおきているにもかかわらず、人びとは消費にはあまりむかっていません。

小野　そうです。萱野さんがいま言われたことは、物価下落の効果について、ひじょうに重要なことを示しています。つまり、物価が低いということと、物価が下がりつづける（デフレ）ということは、一見同じことのようにみえて、まったくちがうのです。これは、物価の絶対水準と物価の変化率というのは、まったくちがうものだということです。たとえていえば、山が高いのと山が急斜面だということがまったくちがうのと同じです。

物価が低いということは、お金の実質量が多いということです。新古典派やケインジアンは、だからモノへの需要が大きいと思っている。これに対して物価の下落がつづく状態、つまりデフレがつづけば、モノの購入をひかえてお金をもちつづけることが有利になります。このことは、そのときの物価そのものが高いか低いかとは関係ありません。物価の絶対水準が低ければ需要は大きく、物価の下落率が大きければ需要は小さくなる。

そのうえで、私が言ったのは、物価の絶対水準が低くお金の実質量が大きくても、成熟社会ではお金がモノやサービスの需要にまわることはないから、総需要も雇用も大きくならないということです。おまけに需要が不足しているからデフレがつづき、デフレがもたらす需要抑制効果だけが働く。だからこそ、物価が下がろうが貨幣供給量を増やそうが、需要は低いままなのです。

▼インフレ・ターゲット政策は有効か

小野　金融緩和政策も、貨幣の供給量自体を重視するものとは別に、デフレをなくしインフレにすることを狙ったものがあります。これは、先ほどお話しした物価の絶対水準と物価変化率の違いのうち、変化率のほうに注目したもので、いわゆるインフレ・ターゲット論です。つまり、二％とか三％というインフレ目標を設定したうえで、インフレが進行するように金融緩和をおこなうべきだという主張です。

――　将来もデフレだと思うから、みんなはかえってお金にしがみつく。インフレを政府が目標にすれば、インフレ期待が広がって、お金の保有欲求は縮小していくだろう。そんな考え方ですよね。プリンストン大学のポール・クルーグマンもそう主張していました。

小野　そうです。このメカニズム自体は私も正しいと思います。ただ問題は、そういうインフレ期待をどうやってもたせるのかということです。

インフレ・ターゲット論者は、中央銀行や政府が二％のインフレをおこすぞと言えば、国民は皆そう信じると思っています。でもそんなはずはない。いまの状況でそんなことを言われても、誰も信じないでしょう。ましてや、将来インフレになるからいまのうちに消費を増やそう、なんて誰が思いますか。インフレ・ターゲット論者がそう言うなら、ぜひその人たちが率先して消費をどんどん増やしてほしい。それなら景気に貢献できます。

いまの日本の長期不況とちがって、完全雇用に到達する前の一時的な短期不況の場合なら、インフレ期待の醸成は可能です。

来年あたりに景気は回復するだろうと皆が思っているような短期不況なら、中央銀行が「これから金融緩和をするから、近い将来インフレになるぞ」とアナウンスをすれば、人びとはインフレの到来を信じることができる。消費意欲が回復してモノ余りが解消された段階でお金の量も増えているなら、消費も投資も過熱し物価が上がっていくだろうと、容易に想像できるからです。そうであれば、インフレが進むより前にモノやサービスを買っておいたほうが得だから、人びとは現時点で消費を増やす。

短期不況であれば、こんなふうにインフレ期待の醸成は可能ですし、本当に景気回復を早めることもできるでしょう。

しかし、失業が常態化している長期不況のいま、完全雇用なんていつ実現するのか想像もつかない。そんなときに、「貨幣の新規発行を継続するので、インフレがおこりますよ」などと日銀に言われても、とてもいまモノを買おうなんて思いません。インフレの兆候でもあればともかく、人余りモノ余りがつづいている状況では、お金が増えても貯めておこうと思うだけでしょう。ですから、いつまでたってもデフレ脱却なんてできないのです。

だいたい、これまで貨幣をまとまって増やしても物価上昇にはつながらなかったのに、毎年少しずつ増やしていけばインフレがおこるなんて、言えるわけがないでしょう。

――金融緩和もインフレ・ターゲットも効果はないということですね。ではどうしたらインフレがおこせるのでしょうか。

小野　結局、人余りモノ余りを解消するしかないのです。そうすれば賃金も物価も下がらなくなる。いまの状況でお金を配っても、人びとはお金を貯め込むだけでモノを買わないから、賃金も物価も上がるはずがありません。

けれど、これは消費者や企業、つまり民間の話です。民間がモノを買わないならば、政府がモノやサービスを買って、人余りやモノ余りを解消すればいいのです。そうすれば、賃金も物価も下がらなくなるから、自然にデフレから脱却できる。このほうがよっぽど確実なインフレ・ターゲット政策です。

▼構造改革の落とし穴

――この本の主題からはやや離れますが、いわゆる構造改革論者についても小野先生のご意見をうかがいたいと思います。彼らは、サプライサイド、つまり供給側を効率化し強化すれば、人びとの欲望が喚起され、経済成長が可能だと言っています。しかし、小野先生のお話からいくと、問題は供給側の生産力にあるのではない。

小野　構造改革論者は、先ほどの「セイの法則」の世界の人たちです。効率化を進めて生産力を上げれば、需要は喚起されるという発想でしょう。

――効率化を進めれば生産力は上がるかもしれませんが、需要がそれに合わせて拡大しなければ、結局、生産性が上がったぶん労働者はいらないということになってしまいます。そうなると賃金が下がるか失業者が増えて、ますます需要は縮小してしまいます。

小野　そうです。橋本（龍太郎）さんやら小泉さんがでてきて、行政のコストはカットするほどいい、民間企業でも人をすぐクビにできるように雇用の流動性を上げろと、言いだしました。

――非正規雇用が増えたのもそのころでした。仕事に就いている人でも将来的な雇用に不安があれば、頼りになるのはお金だけという話になって、余計にお金にしがみつくようになる。さらに需要がしぼむのも当然です。

小野　そうなんです。構造改革はお金の効用の地平をさらに引き上げてしまったんです。賃金カットや人員削減による企業の利潤確保は、個々の企業としてはやむをえない方針だったのかもしれない。けれども、社会全体としてみれば、日本経済にとって大きなダメージとなったのです。

▼「市場の効率化」がお金への執着を煽《あお》る

――成熟社会では、サプライサイドの効率化によって価格がいくら下がっても、需要は増えないわけですね。

小野　さらに問題なのは、お金を保有したいと思っている人たちにとっては、物価下落、つまりデフレは歓迎すべきことだということです。というのは、それだけお金の価値が上がってくるわけだから。それなら、消費をできるだけ我慢してお金をもっていたほうが得だと誰もが思うでしょう。

――そして貨幣への選好性がさらに強くなるんですね。

小野　そうです。つまり自分の生活を考えれば、デフレをすごく幸せに思う状態になっている。だって、ちょっとした公共料金の値上げだけですごい反発がありますよね。明らかにデフレのほうが好ましいという心理があるんです。一般の人びとの心理から、それにあわせようとする政府の政策まで、そういう面が強くなってしまった。だからすべてが不況をそのまま維持するような構造へむかっている。それがすごくまずいんです。

さらに「効率化」という点で気をつけるべきなのは、経済全体にとっての「効率」とはなんなのか、という点です。サプライサイドの効率化によって失業者が増えることが、本当に効率的だと思いますか。

――働きたい人がいるのに働けないというのは社会全体にとっても損失ですよね。

小野　そうなんです。労働者を削減していっても、需要不足の成熟社会では、解雇された人がより効率的な職場に移るなどという、市場主義者が考えるようなことはおこりません。

失業したまま、せっかくの労働力がつかわれずに消えていく。企業に残った人も賃金を引き下げられるうえに、人員カットで少人数で働かされますから、疲弊していく。

失業拡大によるデフレ悪化と雇用不安の拡大で購買意欲がますます低下したから、需要がさらに不足し、経済全体の生産活動が停滞していった。それが構造改革の末路です。「市場の効率化」と経済全体にとっての「効率」はまったくちがうのです。雇用の側面を無視して効率化といっても、無意味です。

▼お金の地平の下にあるものを政府が提供する

――なるほど。小野先生が雇用を強調なさるのはそこにも理由があるのですね。

小野 そうです。この先の話は雇用がカギとなってきます。

私の理論が批判されるとき、そのほとんどが誤解によるものなので、本当に嫌になります。それは結局、批判する人たちが自分の思考の引き出しに、これまでの標準的な考え方しかもっていないからなんです。彼らは無理にそのどれかに当てはめようとする。

たとえば菅政権のときに、社会保障、そして介護・保育の充実といったものが政策メニユーにあがった。そうしたら、「介護なんかで経済成長するわけがないだろう」「小野はバカじゃないか」という反論がくるわけですよ。

でも、私に言わせれば、それは完全に昔の経済学の常識からの批判なわけで、発想が古いんです。つまり、なにか成長産業があるはずだといって、そのときのはやりの分野、話題の分野をはやしたてて、わーっと飛びつく。政権が変わるたびにだされる成長戦略ってみんなそれです。

私はそんな発想で介護といったわけではありません。そもそも、介護ビジネスで昔の高度成長のような成長ができるなんて思ってもいない。

では、なぜ私が介護と言うかというと、多くの人手が必要で大きな雇用効果が期待できるからです。成熟社会の成長戦略とは、余り気味の生産能力をどうやって少しでも国民の役に立つ仕事にまわすか、ということです。つかいきれないほどの生産力を手に入れているのですから、それさえできれば、私たちは十分に幸せな生活が送れるわけです。

そもそも、昔流のもうかる成長産業があるなら民間企業ががんばればいいだけの話で、どこが成長するかなんてわかるはずもない素人の政府が、あれやれ、これやれと口を出すことではないんです。

――公共事業など、政府が雇用をつくりだす分野や方法がいろいろあるなかで、なぜ介護や保育をあげられたのですか。

小野　それはお金への欲望の地平と関わっています。介護や保育は国民が必要としているものですよね。しかし、多くの人手が必要で費用がかかるから、ビジネスとしては成り立ちにくい。その費用をまかなうほどのお金を人びとはなかなか介護や保育には支払わないのです。

そうした国民生活に不可欠でありながらもお金への欲望の地平より低いモノやサービスは、政府が人びとから税金を集めて、強制的に民間に提供するしかありません。そういう意味では、安倍首相の言っているような災害に強い道路や学校などの公共施設づくりでもいいんです。ただし、公共工事だと継続した雇用がうまれにくいですが、介護や保育などなら安定した雇用がうまれる。その点では、介護や保育のほうがいいと思います。

ここで付け加えたい重要な点は、日本経済は長いあいだ人余りで、今後も人余りがつづくだろうということです。だから、政府が人をつかっても、民間企業の生産の邪魔にはならないのです。それどころかなにもしなければ、せっかく役に立つことのできる労働力が無駄になってしまう。

反対に、いまもし景気がよくて人手が足りないなら、政府が人手をつかえばそのぶん民間企業が人手不足になり、せっかく人びとが喜んで買っていたモノやサービスを供給できなくなってしまいます。政府が介護や保育や公共事業にお金を投入するのを無駄だという人は、こういう好況を前提としてものを考えているのです。

実際には人手が恒常的に余っている。それなら、人びとが大事なお金を払ってまでは買わないようなもので、しかも国民生活をよくするものを政府は提供しなければいけない。

いや、むしろ、政府にはそれしか提供するものがないのです。お金への欲望をこえて人びとを消費にむかわせるようなものがあれば、企業が自分でとっくにやっていますから。

そもそも日本が長期不況に苦しんでいるのは、社会が成熟してモノやサービスが行き渡っていて、そんな産業がほとんどなくなったからです。いまさらそれを望んでもほとんど見つかりません。

しかし、身近なところを見回せば、介護や保育や観光地整備のように、あったらいいものがたくさん思い浮かぶじゃないか。余った人たちをそのまま失業させておくくらいなら、ちゃんと働いてもらって、そういう身近なモノやサービスを充実させようよ。そうすれば、国民の生活も豊かになるし、職がなくて困っている人たちも喜ぶでしょう、ということです。結局、「幸せの青い鳥」は身近にあるということです。

そう言うと、お金のほうがほしい人たちは、「無駄だ」と批判してくるわけです。民間企業ならもうけがでないような産業にお金を投入するなんて、お金をドブに捨てるようなものだというわけです。

――つまり、文句を言う人たちは、国民から取った税金で政府は無駄な事業をやっている、と考えるわけですね。

小野　でも、実際は、税金で徴収されたお金はなくなるかといえば、なくならないんです。誰かの手に渡っているだけです。それよりも、使えるはずの労働力をつかわなければ、そのぶんは本当に消えてしまう。そのほうがよっぽど無駄です。

たとえば、政府がみなさんから一〇〇万円の税金を徴収して、その一〇〇万円で介護を無料で提供するとします。いいですか、税金でまかなっているから、無料で提供できるわけです。
ここで大事なのは、その介護費用はどうなったかです。それは消えてしまうわけではなく、介護士として働いた人、つまり国民に払われているわけです。つまり、お金は政府を経由して右から左に流れただけなので、日本経済全体のお金の総量は変わらないのです。それなら、総需要は減るはずがありません。

―― たとえ政府が介入していても、国民全体としてみればお金の総量はたしかに変わっていませんね。しかもそこに介護というサービスが提供され、雇用がうまれている。

小野 目的は、安定した雇用をつくり、失業している人たちに働いてもらって国民経済に貢献してもらうことです。そうすれば、国民の生活水準は上がるし、失業者は仕事に就ける。そのうえ、雇用も拡大してデフレも雇用不安も減ってくるから、消費を切り詰めていた人たちもお金をつかいだすでしょう。その結果として経済がよくなるということです。
ちなみにこれは、ケインズのいっていた乗数効果とは別のものです。私は、乗数効果はないという考えですから。

▼「乗数効果」は存在しない

――　乗数効果とは、政府がある事業をおこなったとき、その事業に投下された費用よりも大きな経済効果をうみだす現象をさす言葉ですよね。それとは違うと？

小野　マクロ経済学の入門書に書いてありますが、乗数効果とはその場その場で所得が増えたら消費を増やすという、いわゆる消費関数を前提につくられた考え方です。政府が公共事業や給付金などでお金を配れば、人びとはお店にモノを買いに行く。それでお店の人の所得が増えるからまた買いに行く。そうやって社会全体では、はじめに払った額よりも多くの消費増大効果があるというのです。

しかし、お金を配るといっても、そのお金はどこから来たのかといえば、政府が税金で取るか、国債という形で借金を増やして将来税金で補塡するか、このふたつしかない。お金をもらった人が消費を増やすなら、同時に、税金を取られたり、将来、増税負担がのしかかってくると思ったりしている人たちは、消費を減らすでしょう。それなら経済全体では差し引きゼロで、景気が上向くはずがない。つまり乗数効果は、財政資金を配る側面だけを見て、取り立てる側面を見ていないのです。

そもそも人は、いくらの資産をもっているか、いくらの資産が見込めるかで消費を決めるのであって、そのときどきの所得の大きさだけで消費を決めてはいません。そのうえ、政府がお金をつくっているわけではないから、経済全体ではお金は増えない。だから消費刺激効果があるわけがないのです。

それだけではありません。成熟社会では消費の魅力よりもお金の魅力が勝っていて、はじめに図1、2でお見せしたように、金融緩和でお金の量そのものを増やしても消費が増えない。だから不況なわけです。それなのに、一時的で、しかもほかで同じ額の税金を取られたり借金が増えたりするようなお金をもらっても、そう簡単に消費を増やすはずがありません。

国債発行の場合、私のこのような説明に対してつぎのように反論してくる人がいます。つまり、国民はそれほど頭がよくはないから、国債を増発してお金を配れば、将来の借金返済のための増税のことなどすっかり忘れて、とりあえずつかうというのです。しかし、たとえそれが正しくて、そのときは借金のことを忘れていても、借金取り立てのとき、つまり増税のときには消費を減らすでしょう。つまり、いま増えてもそのぶん将来には減る。国債を発行して財政支出を増やせと言う人は、一時不況しか頭にありません。一時不況なら、とりあえずお金をばらまいて景気を回復し、景気がよくなってから増税してもかまわない。でも長期不況なら、いつまでたっても景気はよくならない。現実に日本では政府の借金が膨らんで、まだ不況なのにどうしようもなくて、増税しようとしている。つまり、消費を先食いしただけで、ちっとも経済成長につながっていません。

結局、乗数効果が説明しているような経路では実質的に消費が増えるはずがない、ということです。

――国債発行によって財政支出を増やしても、将来の増税を考えれば、国民全体のお金の量は変わらない。ただ、政府が事業をおこなうことで雇用が安定すれば、デフレが止まったり将来不安が小さくなったりして人びとの消費意欲が強まり、結果的に経済が上向くということですね。

小野 そうです。日本全体では成熟社会になっていますが、個別にみてみると、仕事がなく、消費を極限まで切り詰めていた人は、ある意味、発展途上社会におかれているような状態にあるわけです。そういう人たちにとっては、お金の魅力よりもモノやサービスの魅力のほうが勝っている。お金をもっていてもつかわない人からそういう人たちにお金がまわるようにすれば、国民全体の総需要は増加し、デフレ克服への道が開けてきます。

そのときに重要なのは、ただお金を渡すより、その人たちに介護や保育や社会資本整備などの分野で働いて貢献してもらったほうがいい、ということです。そうすれば、単なる再分配による総需要の増加がうむ雇用増大だけでなく、その人たちが新たに仕事に就くぶんの雇用増大もあるから、さらにいいわけです。

――なるほど。雇用をつうじて再分配することで、需要を喚起すると。

▼どんな公共事業なら効果があるのか

小野　そしてもうひとつ大事なのが、先ほど少しふれたように、お金への欲望の地平より下のモノやサービスを政府が提供する、という点です。

私は公共事業を否定していません。大事なことは、成熟社会での政府の役割とは、お金への欲望の地平の下に埋もれてしまっていて、民間ベースではビジネスが成り立たないけれど、それ自体は国民の生活の質を引き上げるものを、政策的に国民に提供するということなんです。企業も個人もみんながみんなお金にとりつかれているいまの社会では、経済を下支えするには、それしか方法がないと私は思っています。

つまり、人びとが大事なお金を払ってまでは買わないというモノやサービスを、政府が提供する。それが介護であり、教育であり、保育であり、民間にはできないインフラ整備や公共事業といった、充実した公共サービスです。

さらにつけ加えると、その事業は継続的なほうがいい。そうすれば、失業減少によるデフレと雇用不安の解消が定着して、経済全体での消費意欲も高まりますから。

でも、そうした私の理論に対しては、さっきも言ったように「介護なんかで経済が成長するわけないだろ」という短絡的な批判が山のように来る。そういう批判をする人は、なぜいまのような不況がおこっているか、その構造がちっともわかってないんですね。

大事なことだから繰り返すけれど、成長産業に飛びつくのは企業がやればいい話で、そこに政府がでていく必要はないんです。だってそうでしょう。企業が競争しあっているところに政府がでていってその仕事を取ってしまったら、迷惑するのは民間企業です。それこそ、公共事業に対して批判をする人たちがいつも言っているクラウディング・アウトです。もともと民間にあった雇用や需要を政府が肩代わりするだけですから、経済全体では雇用が増えないし、効果はゼロです。

需要が十分にあって利益の上がるものは、民間企業に任せればいい。利益は期待できないけれど国民があればいいと思っている分野に政府が取り組んで、公共サービスとしてわれわれに提供する。そこが重要なんです。

――もうけのでることを政府がやれば民業圧迫になりますからね。そうでない分野なら民間のビジネスの邪魔にもならないし、雇用もうまれる。

小野　そうです。人びとへの社会的なサービスが向上するだけでなく、そこに新たな雇用がうまれる。これが大事なんです。ただお金を渡すだけなら貯め込まれるだけなので、なんの意味もありません。

民間企業で雇われなかった、あるいはリストラされた失業者に対して、政府が雇用を提供する。失業者の数が減れば、当然、賃金が下がらなくなってきます。賃金が下がらなくなれば、モノの価格の値下げができなくなる。そうなればデフレは止まってくるんです。

――デフレや雇用不安がなくなってくれば自然に人びとの財布のひもも緩んで、生活を楽しむためにもう少しお金をつかおうか、というようになっていきますしね。

小野 つまりお金への欲望の地平が少しずつ下がりはじめるわけですね。デフレを脱却するには、まず政府主導で雇用創出のための道筋をつくらなくてはいけない。そのためには、更新時期を迎えるインフラ整備や耐震化もいいかもしれない。

ただ、民間で需要のある事業はするなというと、また勘違いされる。誰もほしがらないモノなら無駄だってね。それはそのとおりで、需要がない事業といっても、かつてケインズが言ったような「ただ穴を掘って埋める」というものではダメです。

――穴を掘って埋めるだけなら、ただ現金を支給するのと同じですよね。効果がないような事業なら、そこで雇われた人はなにもせずに「仕事やりました」と報告すればすむことですから。

小野 そう、ばらまきとなんら変わらない。なんの役にも立ってないですからね。人をつかって人びとの役に立てるモノやサービスを社会にどれくらい提供できるか、そこが重要なんです。

▼増税しても景気は冷えない

―― ただ、ここでもひとつ反論が予想されます。財源の問題です。民間のビジネスにはのらない雇用を創出するといったって、税収増が見込めないなかでその財源はどこから調達するのか、という反論ですね。やはり国債の増発でもしないかぎりそんなことはできないだろう、と。

小野 私はその財源は増税によって調達してもかまわないと考えています。なぜなら、税金はお金を右から左に流すだけで、国民のお金の総量自体は変わらないからです。税金を取られると損したような気がしますが、そのぶん財政支出がおこなわれますので、国民の誰かの手には渡っているのです。

これは先ほど述べた、お金をただ配るだけでは、そのぶんを税金で取ってくる局面で同規模のマイナス効果があるから景気刺激効果はない、ということの裏返しです。税金を取ってきても景気を悪くもしない。つまりお金の流れだけでいえば、景気を刺激もしないし冷え込ませもせず、中立なのです。

図3　建設業就業者総数の推移

総務省「労働力調査」より

――ただ、増税は景気を悪化させる、という意見は根強いですよね。エコノミストや経済学者のなかにもそのように考える人は多い。たとえば、増税が景気を冷やした例として、一九九七年に橋本内閣が消費税を上げたときのことをあげる人は多いですよね。

小野　あのときの景気悪化は、じつは増税が原因じゃないんです。図3を見てください。あの時期に一気に景気が冷え込んだのは、政府が公共事業を減らした結果、建設労働者が大量に解雇されたからです。四年間でおよそ五〇万人も建設業の就業者が減っているでしょう。

政府が増税をすると「増税するなら政府の

無駄遣いをやめろ」という批判がでてきて、公共事業の削減となる。これが国民経済計算上でもGDPを引き下げ、実体面でも雇用を減らして、景気を悪化させたんです。これではせっかく増税した意味がないでしょう。増税と同時に公共事業をむしろ拡大して雇用を増やしていれば、税収はかえって増えたはずです。

そうした悪循環を断ち切るためには、お金への執着から抜けだし、実体であるモノとサービスのほうが人びとを豊かにするんだと気づく必要がある。増税はそれを政府主導で進めるためのひとつの方法なんです。

消費税を上げて失業者に対して雇用をつくる。そうやって、日本にある労働資源を有効につかうとともに、デフレを止め雇用不安を取り除いていく。成熟社会に特有の長期不況を脱する方法はそれしかないし、それができれば、もともと巨大な潜在生産力をもった社会なんですから、国民はなにも困ることなく幸せな生活が送れます。

▼財源は国債発行より増税で

——財源が増税でも問題ないということはよくわかりました。では、国債の増発による財源の確保についてはどうでしょうか。

第二次安倍政権は、まさにその方向で公共事業の財源を確保しています。つまり国債の増発によって財源をまかない、それを日銀の金融緩和をつうじて買い支えてもらおうという政策ですね。公共事業によって景気対策をするという点そのものは、どんな事業を重視するかは別として、小野先生と方向性は一致しています。ただ、税収が伸び悩むなか、その財源を国債増発と金融緩和によって調達するという方法については、小野先生はどうお考えでしょうか。


小野　国債発行とは要するに、将来徴税するお金を先に調達してしまおうということですよね。でも、結局は同じ額のお金をいま取るか、将来利子付きで取るかだけの違いで、利子分を割り引いた現在の価値に直せば同じです。だからこの意味では差がない。

実際、国債発行で調達したお金を財源にしてもいいじゃないか、と私自身発言したこともあります。とにかく大事なのは新たな雇用をうむことだから、どちらでもかまわない、と言ったのです。

ところが、重要なのは雇用をつくることなのに、政府は財政収支のことばかりに目がいって、赤字を減らすために財政支出も減らさなければと、ますます財政を切り詰め、雇用を抑えてしまった。国民もマスコミも無駄をはぶけの大合唱でした。だから、景気が悪化して税収が減り、財政収支がさらに悪化した。その結果、雇用も景気も回復しないまま無駄に財政赤字ばかりが膨らんで、国債の信用が危うい事態になってしまったのです。

いまや国債の発行累積額は約一〇〇〇兆円です。そんな状況で十分な量の安定した雇用もつくらず、一時的なばらまきや意味のない減税ばかりしていては、景気回復の兆しも税収拡大の兆しもないまま国債だけが積み上がり、国債の信用がますます危うくなってしまう。そうなれば金融危機がおきてしまいます。それが怖いんです。

――国債の信用が落ちるということは、結局、国債を購入するリスクを投資家が負うぶん、国債の金利が上がるということですよね。そして、国債の金利が上がれば国債の価格は下がる。

小野　そうです。国債の価値がなくなってしまいます。となると、国債を大量に保有している金融機関が信用をなくしてしまう。つまり不良債権を大量に抱えた銀行になってしまうのです。そうなれば預金の取り付け騒ぎがおこったり、銀行がつぶれたりする。そこまでいかなくても、銀行は資産を確保するために貸し出した資金を引き揚げるでしょう。そんな状態におちいれば、人びとはますます不安になって現金にしがみつくから消費も減るし、企業も投資をストップする。つまり、経済の状況が一気に悪化し、収縮がおきていくのです。

怖いのは、このプロセスが瞬時におこることです。人びとが国債は危ないと思えば、損を最小限に抑えようとして、値が下がりきらないうちに売ろうとする。しかし、取引が成立するためには買い手がつかなければならず、値上がりすると思う人がいないかぎり、買い手は現れません。国債の信用が崩壊すれば、買い手はいなくなりますから、売り抜けることはできない。そうなると、売り手はさらに値を下げても売りたいと思う。このようにして、取引が成立しないまま価格だけが一気に下がってしまいます。一九九〇年初頭の日本のバブル崩壊も、二〇〇八年のリーマン・ショックでの株価暴落も、これと同じです。いったん下がりだすと、売り抜けようとしても買い手がつかなくなるんです。

——行き過ぎた金融緩和は国債の信用を低下させ、それを大量に保有している銀行の危機を生じさせるわけですね。

小野　日本ではバブル崩壊以降、株式も土地も信用を失っています。最後に残っているのは国債と現金の信用だけなんです。国債にしろ現金にしろ、じつはただの紙切れで、それをもっている人びとに価値あるものだと信用してもらうことによって、人びとの消費意欲が確保され、経済がまわっていくのです。信用がなくなればただの紙切れに戻るから、資産価値が一気に収縮して消費が激減してしまいます。国債についても、一度信用が崩壊してしまうと、その信用を取り戻すことはほとんど絶望的でしょう。

――さらにいえば、リーマン・ショックのときとちがうのは、リーマン・ショックでは政府が金融機関を救済し危機を収束させることができましたが、国債の暴落がおきれば、それは国家そのものの危機になってしまうということです。

財源を税でまかなうのであれば、そうした大きなリスクを負う必要はありません。そもそも国債の信用も通貨の信用も、国家の徴税能力を担保にしています。ただ、増税は不人気政策だから、選挙のことを考えるとなかなか増税はできない。そんな理由で増税を先送りし、国債増発に頼ってばかりいることが、じつは日本経済を危機に陥れてしまうんですね。

小野　国債を発行して景気を回復したら、税金を上げて返せばよいと言う人もいます。現に、二〇一二年に消費税引き上げを決めたときにも、景気の状況を見てなどという付帯事項を入れている。こういうことをいうのは、成熟社会の長期不況ではなく、発展途上社会の一時的な価格調整の遅れがもたらす一時不況が頭にあるからです。

でも、いまのままではまだまだ不況は続きますから、いつまでたっても増税できない。ですから国債が積み上がるだけになって、結局は破綻するしかなくなってしまいます。

――一方で、国債の発行については、「日本は経常収支黒字国なので国債の発行はまだまだいける」といった声もあります。小野先生はどうお考えですか。

小野　それは日本という国全体の収支である経常収支と、政府だけの収支である財政収支とを混同しての発言ではないでしょうか。日本の経常収支が黒字でも、政府が膨大な借金を抱えていれば、それを返すときに膨大な税金を国民にかけなければならず、独裁国家でもないかぎりそれは政策的に無理でしょう。そうなったら、国債の信用は崩壊するから、やはり信用不安がおこって経済は危機的状況におちいります。

▼円の信用が消えるとき

――金融緩和をやりすぎると、国債だけでなくどこかで円の信用そのものが崩壊してしまう、ということはないでしょうか。

小野　民間の資金需要がしぼんでいる不況期に金融緩和をしようとすれば、政府が国債をどんどん発行して日銀に買い取ってもらうしかない。そうなれば、国債と貨幣の発行量が同時に拡大していきます。そのとき、日銀の信用を維持している資産が、まさにその信用が危うくなっている国債ですから、どちらも信用を維持することができなくなります。

国債と同じように、信用だけで成り立つ現代の紙幣だって、ひとたび信用が崩れればただの紙切れになってしまいます。でも、ここが肝心ですが、それでも人びとのお金の保有願望は消えないんですよ。

政府がお金をばらまきすぎて円の信用がガタ落ちして、一万円札が紙くず同然になると思ったとき、人びとはどうするでしょうか。いまのうちにモノを買っておこうとお店に走りますか。私ならしませんよ。急いでドルや金《きん》に換えます。円の紙幣というお金の価値が怪しいと思ったら、他のものに乗り換えるだけで、お金なるものへの欲望そのものは変わらない。

つまり、お金の信用がなくなっても、それは価値を乗せる円という媒介への信用力がなくなるだけで、そのお金が体現している価値への選好はなくならないんですよ。いや、むしろ逆に強くなる。だって、いまもっているぶんが減ってしまうと思えば、もっとほしくなるからです。

――そういう不安が募れば募るほど、いざというときのために備えようと、人びとはなににでも換えられる価値というものを頼りにするわけですからね。だから、金《きん》にしよう、ドルにしよう、ユーロにしようという話になる。

小野　そうやって、円の価値がすごい勢いで下がっていく現象をハイパー・インフレーションというんです。

つまり、人びとがモノをほしがって物価が上がっていくという意味での、景気がよいときの通常のインフレーションではなく、貨幣がただの紙に戻るプロセスです。ただの紙になってしまえば、それをいくら出したって、誰も自分のもっているモノと交換したいとは思わないでしょう。つまり、貨幣で測った物価が無限大にむかってどんどん上がっていくのです。

この場合、経済状態が通常とはちがっていますから、物価上昇率のケタが通常のインフレとはまったくちがってきます。普通の物価上昇ではせいぜい年率一〇％くらいですが、ハイパー・インフレでは何万％、何億％、さらにそれ以上になってしまう。実際、ジンバブエではそういうことがおこっているわけです。そんなことになったら、それこそ冗談じゃない。

金融緩和をしてもデフレが収まらないのは、緩和が足りないからだ、インフレになるまでいくらでもつづければいいじゃないか、そうすればいつかはインフレにすることができる、それでインフレがひどくなりすぎたら金融を引き締めればいい、と言う人がいます。安倍政権も基本的にそういう考え方で、日銀に圧力をかけている。

これは、モノやサービスへの需要が強くておこる通常のインフレと、貨幣の信用が崩壊してただの紙に戻るハイパー・インフレとの本質的な区別がついていないのです。成熟社会の長期不況では、金融緩和では需要は増えないからいつまでたっても通常の意味でのインフレはおこらない。無理に金融緩和をつづけて、もしインフレがおこるとすれば、そのインフレは貨幣が紙くずになるハイパー・インフレなのです。一度そうなったら、経済の局面がまったく変質してしまう。金融を引き締めてもあとの祭りで、取り返しがつきません。

▼ベーシック・インカム待望論の愚

——ところで、少し脇道にそれるかもしれないのですが、ここのところベーシック・インカムという新しい社会保障のアイデアが政治や言論の場で議論されるようになりました。政党のなかにも最低生活保障などというかたちでこれを政策方針として掲げるところもでてきています。

ベーシック・インカムとは、最低限生活ができるだけの現金を国民全員に一律に給付しましょうという政策です。その人が失業していようが、たくさんお金を稼いでいようが平等に現金を配るということですね。こうした案が少なからぬ人に支持されてしまう。私はここにも、お金がなによりも重要だという、人びとの現金志向を感じます。雇用を増やそうという政策よりも、現金をとにかく渡そうという政策に注目が集まってしまうわけですから。

小野　おっしゃるとおりだと思います。しかし現金給付ではデフレを脱却することはできません。雇用が増えるわけではないので将来への不安はなくなりませんし、また失業者が減らなければ全体の賃金水準も上がりませんから、デフレ緩和もできません。

——しかも、ベーシック・インカムが導入されれば最低賃金も撤廃される可能性がありますよね。労働をして賃金をもらうことが生活を支えるものではなくなりますから。そうなるとさらに賃金が下がってデフレが加速してしまう。現金給付の一番悪いところはデフレを加速させてしまうという点です。日本維新の会もベーシック・インカムを掲げていましたが、完全にあの政党はデフレ政党ですね。

小野　「最低生活保障はします、そのかわりあとは競争です」と。そうなると、いくらでも賃金は下がっていく。それでデフレがひどくなるのです。

——ただ、最低生活保障のために現金を配りましょうというアイデアは、若い世代の人たちにけっこう人気があるんですよ。若い論客のなかにも賛成派が少なからずいます。賃金はますます下がり、雇用が不安定化するにもかかわらず、です。

小野　失業者をそのままにして、国民全員に一律に現金を渡しても、なんの意味もありません。税金で取ったお金をそのまま返しているだけで、経済的にはなにもしないのと同じです。こんな考えにおちいるのは、まさに目先の現金至上主義に囚《とら》われている証拠です。せっかく苦労して税金を集めるのですから、それをなんとか雇用に結びつけなければ、その努力がまったく無駄になってしまいます。

――お金への欲求がものすごく強くなって、それが政策論議にまで影響してしまったのが、最近のベーシック・インカムをめぐる議論だと思いますね。

▼雇用創出からデフレ脱却の経路が開けてくる

小野　だから、現金よりも雇用をつくろうと私はさかんに言っているわけです。雇用がつくられれば、なにも怖いことはないんです。

――税収を現金で再分配するより雇用をつくるほうが確実にいいわけですね。それは、社会に必要なサービスやモノがうみだされるという点でも、失業者が減って賃金が下げ止まるという点でも、さらには彼らが能力を向上させたり、社会参加する回路が増えるとい

図4　生活の質向上・経済拡大・財政健全化

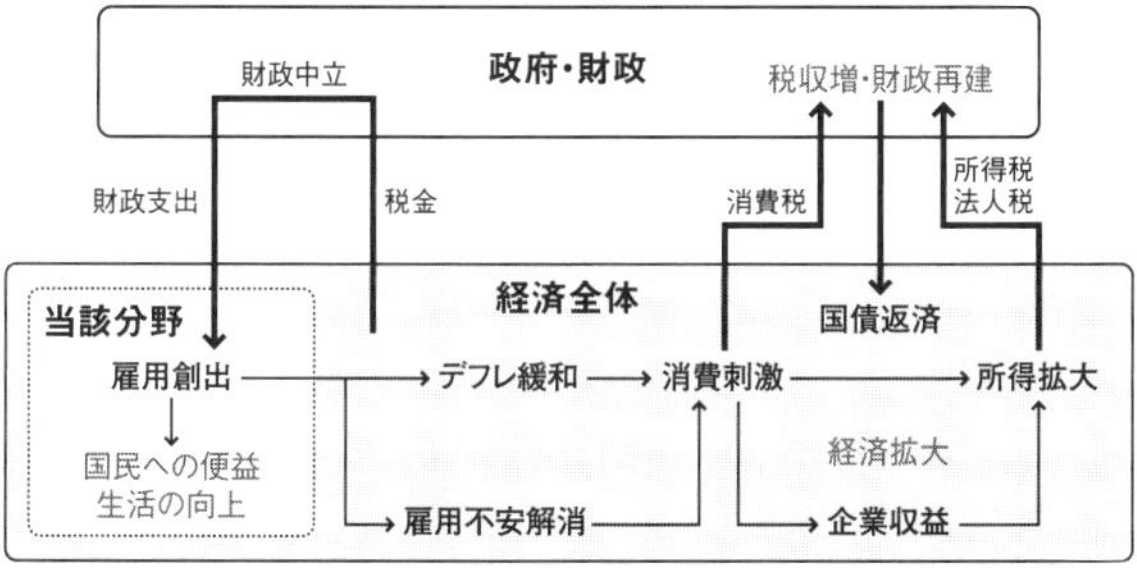

う点でもいいですよね。

小野　まったくそのとおりで、どうしてそうしないのか、私には不思議で仕方ない。

しかも、いま完全失業者は三〇〇万人前後といわれていますが、彼らを一〇〇万人雇うためには消費税を数％上げるくらいで十分なんですよ。一％の増税でだいたい六〇万人から七〇万人を雇うことが可能です。二〇一二年に消費増税五％が決まりましたが、その増税分をすべて雇用創出につかったら、完全雇用の状態になりますよ。そうしたら図４のように確実にデフレ脱却への道が開けてくるでしょう。

失業者が減れば、労働市場での需給バランスが変わって、賃金が上がっていくでしょう。このこと自体がまずデフレ緩和に役立つ。それで「今日より明日のほうがモノが安くなる」という期待も減っていきます。さらに、雇用不安も解消されるから、「明日のわが身が心配だからお金を握りしめておこう」というマインドも解消される。この両方の効果で消費が増えていきます。

――消費が増えれば、企業の収益も拡大しますよね。企業の投資も回復します。

小野　そうです。そうなれば消費税の税収増、そして所得税・法人税の税収増も期待できるので、財政再建も可能です。国債の返済も可能になり、先ほど言った信用不安の問題もでてこない。

だから雇用創出を第一に考えるべきなんです。現金給付ではこういうデフレ脱却の経路は開けてこないんですよ。

――でも、いまは公共事業の拡充よりも現金給付のほうが国民の人気がありますよね。もしかしたら少子高齢化で、雇用よりも現金がほしい年長世代の人口が増えたからかもしれません。雇用の創出は「利権誘導だ」と批判される。そうなると公共事業費は削減されて、現金給付のほうに政策が偏っていかざるをえません。

小野　とりあえずお金がほしいということで、増税よりも国債発行のほうが政治的な摩擦が少ないということと似た構図です。

――有権者の「お金へのしがみつき」がここでも問題を引き起こしているんですね。

▼高齢者福祉を「現物給付」に

――政府による現金給付という点でいうと、その最たるものは高齢者への年金ですよね。年金はやはり現金で給付しなくてはならない。今後ますます高齢者が増えていくなかで、現金給付の比率は上がらざるをえません。これについてはどうやって解決したらいいと思いますか。

小野　私は、高齢者福祉においてもお金よりもモノ、つまり、年金よりも「現物給付」の部分を増やすほうがずっといいと思います。体の不自由な高齢者には介護サービスや高齢者住宅など、元気な高齢者には観光地の整備や宿泊施設など、そういうサービスや現物で給付するんですよ。

お金をつかおうとしない高齢者にはお金を配らずに直接モノやサービスを提供し、働きたいしお金もつかいたい現役世代には、そのモノやサービスを提供する仕事を提供して、賃金としてお金を渡す。年金を現物給付に変えていけば、これが実現できるんですよ。

――いわば高齢者福祉の公共事業化ですね。高齢者福祉の拡大による将来の財政負担を考えると、そのアイデアはすごくいいと思います。ただ、貧困で蓄えもなく、わずかな年金だけを頼りにしている高齢者もいますよね。

小野　そういう人たちには生活維持のための現金支給が必要でしょう。そういう人たちにお金を渡すのは、なんの問題もないんです。そういう人たちなら、貯め込まずに必需品につかうので、現物給付と同じで需要創出になるんです。

――なるほど。その一方で、ある程度のお金をもっている人には、渡しても貯め込まれるだけの現金は給付せず、そのまま需要となるモノやサービスを給付する。それを提供する人手を現役世代の雇用でまかなうわけですから、雇用不安やデフレも緩和されますね。

小野　そう。年金を現金で渡すより、ただで介護サービスが受けられるというシステムのほうが圧倒的にいいんです。その事業自体は政府が直接やらなくても、利用料だけを払って民間企業にやってもらえばいい。これらのサービスのための有効期限つきの利用券やクーポンを渡してもいいのです。

もちろん、お金はかかりますが、そのぶんは税金で取ればいい。一兆円、二兆円なんていうのは消費税の〇・五%か、せいぜい一%で足りるわけです。そのうえ、そのぶんは現役世代に支払われるから、現役世代全体では一円も負担していないことになる。こんなにいいことだらけなのになぜやらないいんだろうと思います。

現金支給だけをなんとかつづけて現物の供給は民間に任せるとなると、年をとってお金はいくらかもっているけれど、入る介護施設や老人ホームがないという笑えない状態になってしまう。これと似たようなことが、産婦人科医が減って子どもがうめないという深刻な事態としておこっています。

――本当にそうですね。現金給付をできるだけ現物給付にしていくことは、ぜひやってほしいですね。

現在おこなわれていることを図式化するとこうなりますよね。まず、年金として配るお金が足りません。だから政府は国債を発行します。それを金融機関が買い、政府はそれで得たお金を高齢者に年金として給付します。すると高齢者はその年金はつかわず、いざというときのために銀行に預けます。で、銀行はそのお金をもとにして国債を買う。要するに、政府と高齢者と銀行の間で、お金がぐるぐるまわっているだけです。

小野　そうそう、ぜんぜん需要に結びついていない。そのあいだに国債発行残高だけは膨らんで、国債の信用そのものがどんどん毀損されていくのです。

――同じ財政支出でも、ちゃんと社会にモノやサービスなり雇用なりをうみだしていく政策に切り替えなければ、お金への欲求に支配されたまま、お金があるのに貧しい社会になってしまいますね。

▼内需不足が円高を招く

小野　もうひとつ内需が縮小していくことで生じる問題があるんですよ。円高の問題です。
――かつては円高はむしろ国の経済力の証《あかし》のようにいわれていましたよね。
小野　そうです。高度成長期には、国が経済力をつければ円高になる、国が経済力を落とせば円安になるといわれていました。
どういうことかというと、発展途上社会の段階、つまり完全雇用の世界のときには、経済力をつけるというのは生産性を上げることでした。生産性が上がれば国際競争で勝って輸出が増えますから、経常収支の黒字が増えて円高になる。そうなると、生産性上昇で国内製品の円価格が安くなるだけでなく、円高で外国製品も安く買える。それで当時は、日本経済が強くなり円高になって国民が豊かになる、というロジックが正しかったんです。

ところが、不況が恒常化している成熟社会ではちがうロジックが働きます。経常収支とは、おもに輸出額から輸入額を引いた貿易収支に、海外からの利子や配当、賃金などの収入から支払いを差し引いた所得収支を加えたものなんです。

つまり、生産性が上がって輸出が増えたら経常収支が改善して円高になるんですが、同時に、国内の需要不足で輸入が減っても経常収支は改善しますから、円高になるんです。

――内需縮小によっても円高になるってことですね。

小野　そう。九〇年代以降の円高は、内需が減った結果という側面が強いんですよ。変動相場制に移って以降、需要が旺盛だった八〇年代のころの円高と、九〇年代以降の需要不足が深刻化した後の円高とは、分けて考えなくてはいけない。

昔は日本企業の競争力向上で輸出が伸びて円高になっていたけれど、九〇年代以降は内需不足で輸入が減ることで経常収支の黒字幅が広がるから円高になって、日本企業が苦しい思いをしているんです。つまりモノが売れないのに円高だけは進む。そんなとき、生産性の向上で対応しようとすると、ますます黒字になって円高になる。自分で自分の首を絞める結果になっているんです。

おまけに、過去の経常収支の黒字を積み上げて、日本はいまや世界一の対外資産をもっている。だから利子や配当収入もたくさん入ってきて、それも経常収支を黒字にする大きな要因になっています。実際、貿易収支は赤字になっても所得収支は相変わらず大きいままですから、それで円高が続いたのです。

――そうなると、金融緩和によって円高を是正することも難しいということになってきませんか。一般的には金融緩和で円高是正も可能だといわれていますが。

小野　そのとおり。金融緩和をしても、先ほどお話ししたように需要なんか増えません。需要が増えなければ物価も上がらず輸入も増えないから、経常収支はもとのままの高い黒字がつづいて円高が止まらないのです。それよりも内需を増やして輸入を増やすことが重要です。現実に、最近の原発停止の影響でエネルギー輸入が増えたりしたため、経常収支が悪化してきています。そうしたら、ちゃんと円が安くなってきているじゃないですか。

それでは、どうして金融緩和をすれば円安になると思っている人がいるのか。それは、需要不足などない発展途上社会の経済学が頭にあるからです。人びとの購買意欲が旺盛なら、金融緩和でお金を渡せば需要が増えて物価が上がる。それで、為替がもとのままだと日本製品がドル建てでも高くなるから、輸出が減って経常収支が悪化する。それで円安になるのです。

でも、その円安は国内物価が上がって輸出が減ったからで、物価上昇をちょうど相殺するまで円安が進めば、輸出が回復してもとの経常収支に戻る。だから、そこで円安は止まります。つまり、一度物価を引き上げて国際競争力を下げ、その後の調整で円安になってドル建て価格がもとに戻る。それだけの話で、別に円安で国際競争力がもとより上がったり、景気がよくなったりするわけではありません。

要するに、発展途上社会であろうが成熟社会であろうが、金融緩和で国際競争力を上げようと思っても無理だということです。

▼お金に支配されない「真の効率化」

——やはり金融緩和は数字のマジックでしかなく、雇用や需要といった実体経済と乖離していることですね。

小野　そうなんです。実体経済と乖離したことをやってもだめだということです。大事なのは、雇用を創出し、需要不足を解消していくことです。介護サービスでもチャイルド・ケアでもいいんです。土木事業でも新エネルギーの分野でもなんでもいい。しっかり税金を取って雇用を創出していけば、それも長期間安定した雇用を用意しておけば、日本は大好景気になりますよ。

——雇用がうまれれば、それによってモノやサービスもうみだされますから、社会全体の経済福利も向上しますよね。雇用不安が解消されれば、人びとは安心も手にできる。

お金にしがみついている人生というのは、底のない不安に支配された人生なのかもしれません。貨幣の供給量が足りないので増やす、といった技術的なことではなく、人びとの不安を解消し、お金への執着を小さくすることが、正しい経済政策だということですね。

金融緩和は、お金への妄想の延長上にうまれた政策なのかもしれません。

小野　おっしゃるとおりです。日本人にお金への妄想から目を覚ましてもらい、リアルな生活でなにをしたいかを真剣に考えてほしいと思うのです。

日本はあり余るほどの生産力をもっているわけですから、それをどう生かすか、それをつかって自分たちの生活をどう楽しく豊かにするか、それこそが成熟社会で考えるべきことです。

そうすれば生活環境もよくなるし、仕事も増えて所得も増えるから生活不安も解消する。ただ一生懸命働いて稼ぐことしか頭にないのは、心が貧しい証拠です。不況で仕事がないという状況だからこそ、賃金カットだのリストラだのという目先だけの効率化ではなく、社会全体の労働力の活用という本当の効率化を考えるべきなのです。

おわりに

萱野稔人

本書のなかで三人の専門家から話をうかがうたびに強く思ったことがある。それは「日銀は打ち出の小槌《こづち》ではない」ということだ。

金融緩和とは、日本銀行（日銀）が民間の銀行から国債などの資産を買い取ることで、銀行に直接お金を供給することである。ほかにも金融緩和には金利を下げるというやり方もあるが、いま問題となっているのは前者のほうの方法だ。

日銀は通貨発行権をもつ中央銀行である。私たちが日ごろ「お金」と呼んでいるのは、日銀が発行する日本銀行券のことである。一万円札をみるとたしかに「日本銀行券」と書いてある。

だからこの金融緩和の方法はしばしば「日銀がお金を刷って市中にばらまく」などと表現される。その表現がどこまで妥当なのかはともかく、日銀は通貨発行権をもっている以上、民間の銀行が貸し出しなどにつかえるお金の量を増やすには、日銀がお金を発行しさえすればいいということになる。

たしかに日銀には通貨発行権がある。しかし、だからといって日銀は好きなだけお金を発行できるわけではないだろう。というのも、日銀がお金を発行して買い入れる国債はあくまでも政府の借金だからだ。

つまり、金融緩和によって日銀がお金を社会に供給するということは、同時にどこかに借金がたまっていくということでもある。借金はいつか返されなくてはならない。

二〇一三年四月の時点で日本政府の累積債務はすでに一〇〇〇兆円ほどにまで膨らんでしまった。

ふつうなら借金まみれの相手には誰もお金を貸したがらないだろう。たとえお金を貸すにしても、リスクを考えて高い金利をとるはずだ。政府は国債を発行して借金をするわけだから、借金まみれの政府の場合、国債の金利が上がるのは当然のなりゆきである。

しかし日銀がその国債を買ってくれるのなら、民間の銀行は安い金利でも安心して政府にお金を貸すことができる。つまり国債の金利は低いままでいられる。

そうなると政府は借金をしやすくなり、債務がどんどん膨らんでいくことにもなりかねない。はたしてそれはどこまでもつのだろうか。債務があまりに膨らんで、誰も国債を保有したくなくなってしまうということはおきないのだろうか。

そうなれば国債の価格は暴落し（すなわち国債の金利がいっきに上昇し）、政府はその金利の支払いのために税金をさらにつぎこまなくてはならなくなるだろう。

日銀が国債を買い入れることで国債の金利が低く抑えられているのであれば、結局は日銀が発行するお金で国債の信用が支えられているということになる。しかし他方で、日銀が発行するお金の信用を支えているのは、日銀が保有している国債などの資産の価値だ。つまりそこにはお金と国債がたがいの信用をつうじて支えあうという構造がある。その支えあいの構造にもとづいて、お金の発行量と国債の発行量をともに拡大していこうというのが金融緩和の実態だ。

金融緩和の危険性はまさにここにある。

お金にせよ国債にせよ、そのすがただけをみればただの紙切れである。その紙切れが価値をもつものとして信用されるには、なんらかの実体的な価値の裏づけが必要だ。その裏づけをこえて、両者の信用だけでたがいを支えることはどうしても無理があるだろう。バブル的な無理、といってもいい。

＊

では、その実体的な価値の裏づけとはなにか。

それを理解するためには、中央銀行とはなにか、そこが発行するお金とはなにか、ということを考えなくてはならない。

中央銀行の仕組みをつくりあげたのは、一六九四年に設立されたイングランド銀行である（設立年だけでいえば、一六六八年設立のスウェーデン・リクス銀行が世界最古の中央銀行である）。

イングランド銀行の設立の目的は英国政府の戦費調達にあった。イングランド銀行はその目的のために、利子のつく「捺印手形《なついん》」を発行し、当時みんなが「お金」としてつかっていた金貨を預かって、その預かった金貨を英国政府に融資した。

この金貨の預かり証が、現代のわれわれのいうお金、つまり「日本銀行券」などの銀行券のもととなったものである。いまでも日銀がお金（日本銀行券）を発行すると日銀のバランスシート上では「負債」として計上されるが、その理由はここにある。お金とは中央銀行にとって負債なのだ。

イングランド銀行は金貨を預かる際、預かり証をもってきたらいつでも金貨と交換するという約束をした。預かり証をもっている人たちは、いつでも金貨と交換してくれるのなら別にいま金貨に交換する必要はないということで、持ち運びにも便利で安全な預かり証を金貨の代わりに「お金」としてもちいるようになった。こうして人びとの信用を得た預かり証はしだいに無利子でも流通するようになったのである。

イングランド銀行券の誕生だ。

かつて銀行券（お金）は金本位制のもとで金と交換できる兌換《だかん》紙幣だった。その理由がここにある。

イングランド銀行は預かった金貨をいつでも預かり証と交換できるようにみずからの金庫に保管しておいた。と同時に、その金貨を英国政府に融資して運用した。

すでに英国では一六九二年に、国債の仕組みをととのえる法律ができていた。すなわち、議会が政府の借入を審議・承認し、税収によって返済することを保証するという法律である。

イングランド銀行はだから、政府に金貨を融資したかわりに政府の債券（国債）を受け取り、政府の税収からその融資分を利子とともに返済してもらうことができたのである。英国政府が着実に国債利払いをつづけたことがイングランド銀行券の信用を確立した。

中央銀行が発行するお金はそもそものはじめから国債の仕組みとむすびついていたのである。

ところで、イングランド銀行が中央銀行として成立した背景には、もうひとつの要因もあった。

その要因とはほかの銀行による銀行券の発行である。

産業革命によって英国各地で新しい産業が勃興するにつれ、地方にも銀行が設立されるようになっていた。それらの銀行もまた金貨や銀貨よりも安全で便利な独自の銀行券を発行した。ただしそこで発行されたのは、金貨の預かり証としての銀行券だけではない。金貨と交換してくれるイングランド銀行券と交換できる銀行券も発行された。つまり、それらの銀行は、イングランド銀行券を金庫に入れておいて、それとみずからの銀行券をいつでも交換できるようにすることで、みずからの銀行券の信用を確保しようとしたのである。

こうしてイングランド銀行は「政府の銀行」であるとともに「銀行の銀行」でもある中央銀行へと成長していったのである。

＊

問いに戻ろう。

私たちが「お金」と呼んでいるものはそれだけをみればただの紙切れである。その紙切れが価値をもつものとして信用されるにはなんらかの実体的な価値の裏づけが必要だ。

その実体的な価値の裏づけとはなんなのか。中央銀行が成立した過程はそれをよくあらわしている。

最初に浮かんでくるのは、中央銀行が保有している金《きん》がお金《かね》の信用の裏づけとなっている、ということだ。

たしかにイングランド銀行券が価値あるものとして流通できたのは、それをイングランド銀行にもっていけばいつでも金に交換してくれるからであった。金という実物資産の価値が一銀行券にすぎないお金の信用を支えていたというのは、一見するともっともなようだ。事実、一九七一年に米国がドルと金の兌換を停止するまで（ニクソン・ショック）、私たちの世界は金本位制を維持しつづけてきた。

とはいえ、これは十分な答えとはいえない。

というのも、金などの実体的な価値をもつ貨幣と交換できるというだけなら、イングランド銀行以外の銀行でもおこなわれていたし、さらに中国の交子《こうし》のように中央銀行の仕組みができるずっと以前にもおこなわれていたからだ。また、金との兌換が停止されて以降も私たちは銀行券を価値あるものとしてつかいつづけている。金の裏づけがなくても銀行券の価値は維持されているのだ。

もう一度、イングランド銀行が中央銀行として成立してきたプロセスに着目しよう。

イングランド銀行のどこが新しかったのかといえば、それは預かった実物資産を英国政府に貸し付けて運用した点にある。それこそがイングランド銀行を中央銀行たらしめた。

言いかえるなら、英国政府がイングランド銀行からの融資を税収によって着実に返済したことが、イングランド銀行券の信用を裏づけていたのである。いくらイングランド銀行券が金と交換できるといっても、英国政府がイングランド銀行に債務を返済してくれなければ、イングランド銀行も人びとから預かった金を銀行券と交換できなかったはずだ。

要するに、銀行券というお金の信用の裏づけとなっているのは政府の徴税力・財政力にほかならない。政府が税収によって着実に債務を返済できるという裏づけこそが、紙切れでしかないお金を価値あるものとして流通させているのだ。

徴税力といったとき、そこにはふたつの要素がある。

ひとつは、政府が国民からどれぐらい信認されているか、ということである。「どうせ政府は徴税してもろくなことにお金をつかわない」と国民が思っていたり、政府にまったく正統性がなく国民がなかなか政府のいうことをきかなかったりするようでは、政府は安定的に税を徴収することはできないだろう。

もうひとつの要素は、国内の経済力そのものである。GDP（国内総生産）が数兆円しかないところで数十兆円の税を徴収することは不可能だ。国内の経済力が大きければそれだけたくさんの税を徴収することができるし、小さければそれだけ少ない税しか徴収できない。

政府に対する信認と経済力。これはすなわち、広く「国力」といわれるものこそが政府の徴税力を成り立たせている、ということである。

したがって、なにがお金の価値の実体的な裏づけとなっているか、という問いにはこう答えることができるだろう。それは政府の徴税力・財政力であり、国力である、と。私たちが日ごろつかっているお金の価値はまさに私たちの国力をあらわしている。私たちは国力をこえてお金の価値を維持することはできないのだ。

＊

こうして考えると、金融緩和の限界と危険性があらためて浮かび上がってくる。

金融緩和は、銀行券の供給量を増やすことによって国内の経済を上向かせようとする。しかしこれは転倒した政策だといわざるをえない。なぜならそれは、お金の価値を裏づけている経済力という土台をそのお金によって強化しようとする政策だからだ。

哲学的にいえば、存在論的に不可能なことを金融緩和はやろうとしているわけである。金融政策によって経済成長率を高めることは、そもそものお金の成り立ちからいって不可能なのである。

もちろん、金融緩和には限界があるということだけなら、金融緩和に対してそれほど警戒する必要はないかもしれない。しかし金融緩和には看過できない危険性もある。日銀が国債を買い入れることで政府は借金をしやすくなり、政府の徴税力を大幅にこえて政府債務が膨らんでしまう、という危険性だ。

そうなればいずれ国債の価格が下落することは避けられないだろう。しかしそれだけではない。政府債務が膨らみすぎれば、お金（銀行券）の信用そのものも毀損されかねない。お金の信用は、債務返済能力をも含んだ政府の財政力によって支えられているからだ。

たしかにしばらくは日銀が国債を買い入れることで、国債の価格を維持することができるかもしれない。しかし本来は、国債を買い入れるための銀行券こそ、国債によって信用を得ているものなのだ。それは決して長続きしないだろう。

お金の信用は国債の実質価値によってささえられている。ただしそれは、たまたま日銀が国債を資産として大量に保有しているからというだけではない。銀行券としてのお金が成立してきた構造からいってそうなのである。

お金の信用とはその国の経済活動を支えるもっとも重要な「インフラ」である。

私たちは戦後、長い時間をかけて円というお金をここまで信用あるものに育ててきた。

金融緩和が危険なのは、その円の信用を担保としてさしだして日本経済を水ぶくれさせようとするからである。

*

もともと本書は、二〇一二年一二月の総選挙によって、金融緩和を積極的に進める第二次安倍政権が成立するまえに企画されたものである。

日本ではなぜ金融緩和が効かないのかを考察することで、日本経済が抱えている問題点やその克服の可能性を浮かび上がらせようという趣旨だった。しかし、安倍政権の成立と、その政権の金融政策にひじょうに親和的な日銀総裁・副総裁の人事が決定したことによって、本書は一気に政策論争的なアクチュアリティをもつことになった。

本書が日本経済を真に再生させるための建設的な議論の契機となることを編者としては願うばかりだ。

最後に、本書に登場してくださった藻谷浩介氏、河野龍太郎氏、小野善康氏に心から感謝申し上げる。各氏ともひじょうにお忙しいにもかかわらず、本書の趣旨に賛同し、快くインタビューを引き受けてくださった。またインタビューでは、私が投げかける素朴で素人的な質問にも議論の水準を落とすことなくていねいに答えてくださった。本書が経済を専門としない人たちにも開かれた議論の場になっているとすれば、それはひとえにそのおかげである。

藻谷浩介（もたに　こうすけ）

一九六四年生まれ。（株）日本総合研究所調査部主席研究員。主な著書に『デフレの正体』など。

河野龍太郎（こうの　りゅうたろう）

一九六四年生まれ。ＢＮＰパリバ証券経済調査本部長・チーフエコノミスト。

小野善康（おの　よしやす）

一九五一年生まれ。大阪大学社会経済研究所教授。経済学博士。

萱野稔人（かやの　としひと）

一九七〇年生まれ。津田塾大学国際関係学科准教授。博士（哲学）。

金《きん》融《ゆう》緩《かん》和《わ》の罠《わな》

集英社新書〇六八七Ａ

二〇一三年四月二二日　第一刷発行

著者……藻《も》谷《たに》浩《こう》介《すけ》／河《こう》野《の》龍《りゅう》太《た》郎《ろう》／小《お》野《の》善《よし》康《やす》／萱《かや》野《の》稔《とし》人《ひと》

発行者……加藤　潤

発行所……株式会社集英社

東京都千代田区一ツ橋二-五-一〇　郵便番号一〇一-八〇五〇

電話　〇三-三二三〇-六三九一（編集部）

〇三-三二三〇-六三九三（販売部）

〇三-三二三〇-六〇八〇（読者係）

装幀……原　研哉　　組版……ＭＯＴＨＥＲ

印刷所……凸版印刷株式会社

製本所……加藤製本株式会社

定価はカバーに表示してあります。

ISBN 978-4-08-720687-6 C0233

Printed in Japan

a pilot of wisdom